Jörg Hartmann

Husum op Plattdüütsch

Husum

Umschlag Vorderseite: Waterreeg, Privatfoto

Bibliografische Information der Deutschen Nationalbibliothek
Die Deutsche Nationalbibliothek verzeichnet diese Publikation in der Deutschen Nationalbibliografie; detaillierte bibliografische Daten sind im Internet über http://dnb.dnb.de abrufbar.

Gesamtherstellung: Husum Druck- und Verlagsgesellschaft
Postfach 1480, D-25804 Husum – www.verlagsgruppe.de
ISBN: 978-3-96717-035-1

Inholtsverteeknis - Wat in dit Husum-Book steiht

Anhangsel

Över dit Book

Dit Book is en plattdüütsche Leesbook un Sachbook – du kannst in 34 enkelte Kapitels en Överblick winnen över Husum un dat Land dor rundum. To de Kapitels hören vele Fotos un enkelte Landkorten to. Du kannst dit Book aver ok as Heimat- un Geschichtsbook oder as Stadtföhrer över Husum lesen.

Dit Book hett Jörg Hartmann mit veel Spaaß, aver ok Möögde tosamen stellt un verfaat. Jörg Hartmann ut Husum is hüüt Stadtföhrer, Museumsföhrer un Mitarbeider för dat Theodor-Storm-Huus, dat Slott vör Husum, dat Nissenhuus un Oostenfeller Huus un vun de VHS Husum. He is vun Kind an Plattdüütsch-Snacker un al siet dörtig Johr Plattdüütsch-Lehrer.

He is boren in Friechstadt – hoochdüütsch: Friedrichstadt – opwussen in Fresendelf bi Swabstedt, to School gahn in Fresendelf un Husum, hett studeert op Lehramt, Pädagogik un Volkskunn in Kiel mit Afsluss as Diplom-Pädagoog. 40 Johr weer he Lehrer för Düütsch, Geschichte, Geografie, Schooltheater, dorvun 20 Johr Studienleidsmann för de Lehrerutbillen. Sien Lehrersteden weren Pellworm, Noordstrand un Bredstedt, un överall hett he sik mit de Historie befaat, dat kunn he för de School goot bruken.

En Plattdüütsche Leesbook över Husum hett dat bether nich geven. Dat is ok nich so eenfach – dat gifft so vele plattdüütsche Dialekte. Pellwormers snacken anners as Noordstranders, Eiderstedters anners as Dithmarschers, männichmal ward vun Dörp to Dörp anners snackt. Nedderdüütsch weer fröher rund 300 Johr lang blots en Snackspraak, keen regelte Schrievspraak. Gifft keen DUDEN för Nedderdüütsch. Dat Zentrum Für Niederdeutsch / Plattdüütsch-Zentrum Landsdeel Sleswig sleit vör, dat wi uns bi dat Rechtschrieven richten na: Der neue SASS, Plattdeutsches Wörterbuch. Dat doon de mehrsten Lüüd, de op Plattdüütsch schrieven; utspreken kannst du dat in dien

Tungenslag. Gifft ok de SASS – Plattdeutsche Grammatik, vun Heinrich Thies utarbeid, dor stahn ok grammatische Formen ut de Landesdeel Sleswig un Noordfreesland binnen. Bi uns gifft dat keen Artikel *den*, wi hebbt blots de Artikeln *de* un *dat*. Holsteners seggen: *Geev mi den Hamer!* Wi hier rundum Husum seggen: *Gääv mi de Hamer!*

En Bispill för Rechtschrieven: In Noordfreesland seggen wi för de hoochdüütschen Wöör sprechen, lesen, geben, die Stelle in unse Platt *spräken, läsen, gäven, Stääd* – mit lange *ä*. In Neddersassen un Holsteen heet dat *spreken, lesen, geven, Steed* – mit lange e. Ik richt mi mehrstendeels na SASS.

Dat wurr nu aver mal Tiet, en plattdüütsche Book över Husum un rundum to schrieven, dat du Stück för Stück lesen kannst, en Leesbook, dat ok en stadtgeschichtliche Sachbook un Heimatbook is, wat du toletzt ok as Reiseföhrer nehmen kannst – allens in en Afwasch, as man seggt.

Dit niege Plattdüütsche Leesbook gifft di en Överblick. Du kannst in Fackböker nalesen, de Geschichte vun Sleswig-Holsteen, Noordfreesland oder Husum. De un anner Böker sünd achtern optellt. Un gah ok in de Museen, dor kannst du di ut eerste Hand informeren. Achtern stahn Museen un ok Galerien in. Kannst ok mit Jörg Hartmann en Stadt- oder Museumsföhren op Plattdüütsch maken. He meent:

In Husum an de Waterkant – leevt sik dat goot in Noordfreesland,

To de Pluralformen: De grammatischen maskulinen Formen in dit Book menen ok de femininen Formen, t. B. meent Husumers ok Husumerinnen.

Över dit Book kannst du di villicht freuen oder argern, kannst dat ok kopen, denn is Jörg Hartmann sien Arbeit, Husum in Noordfreesland op Plattdüütsch to verklaren, nich ümsünst ween. Wullt du em wat fragen? Kannst dat geern maken – he wahnt in Husum, weet aver lang nich allens, dat will he reinut al vörher togeven, hett sik aver al 60 Johr dormit befaat.

Wat is Noordfreesland un wo kamen de Fresen her?

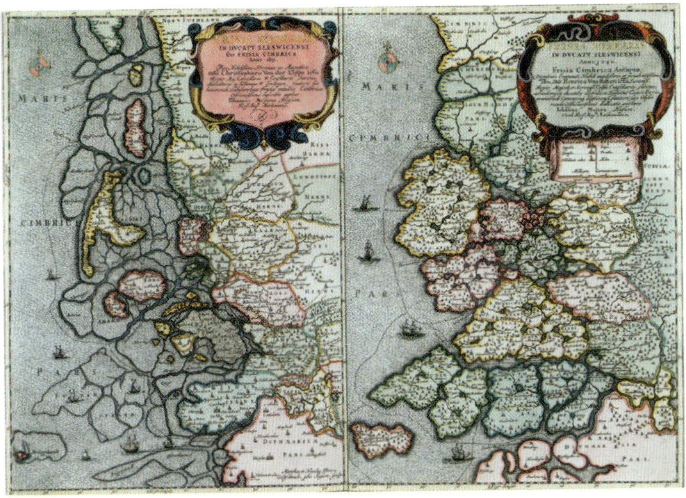

1 *Noordfreesland: rechts um 1240 mit Rungholt, links na 1634*

De twee Groten Mandränken 1362 un 1634 hebbt de Uthlande un de rieke Insel Strand toschann maakt – domals wurr ok dat Freesche ut süden Noordfreesland vun dat Nedderdüütsche un Hochdüütsche torüchdrängt. Blots op de Inseln Sylt, Föhr, Amrum, enkelte Halligen un noorden vun Bredstedt geev dat noch Freesch. In all de Johrhunnerte hett dat keen verenigte Freesland geven, ok keen gemeensame freesche Spraak. Eerst 1925 geev dat en Fresenraat vun West-, Oost- un Noordfreesland. De Fofftte Allfresenkongress 1952 weer tosamen mit de 50-Johrsfier vun de Noordfreesche Vereen as Allfresenkongress vun de

21.–23. Juni 1952 in Husum-Rödemis – dree Freeslande in Eendracht tosamen! Siet 1965 hebbt wi dat Nordfriisk Instituut in Bredstedt; siet 1999 de Interfriesische Raat. 2006 is eerstmals en düütsche Breefmark Friesenrat 2006 rutkamen. Af 1.1.1999 sünd Däänsch un Freesch as Minnerheitenspraken ünner Schutz stellt in de UNO-Sprakencharta; Nedderdüütsch keem as Regionalspraak ünner aktive Schutz.
Aver nu wöllen wi in de Geschichte torüch gahn: Wo kamen de Noordfresen her?

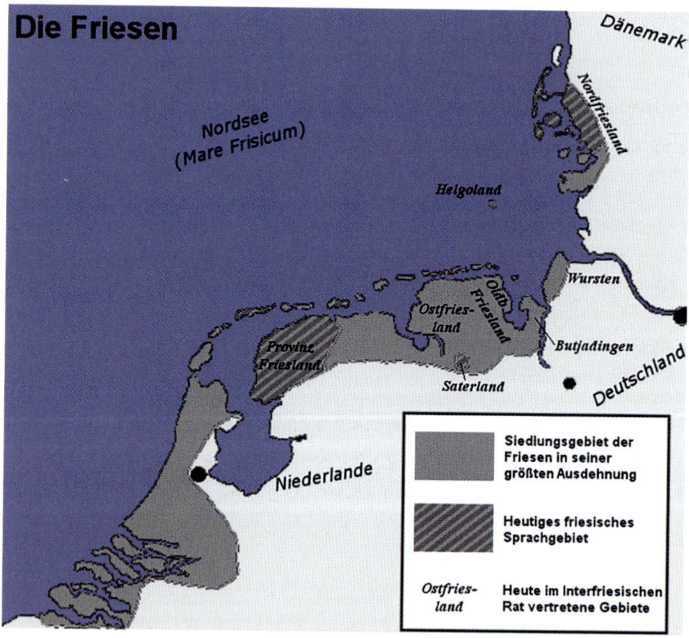

2 *Wo de olen Fresen sik ansiedelt hebbt*

Twischen 450 un 750 n. Chr. geev dat en grote Frisia/Freesland vun de Scheldemündung in Flandern bet na de Wesermündung. Hauptstäder weren Dorestad un Utecht. De Noordsee weer domals dat Mare Frisicum (Abb. 2). De Fresen hebbt sik lang mit de Franken as Navers verstahn, aver denn kreeg Fresenkönig Radbod, de 679–719 regeerte, as Anhänger vun de ole Gloven Krieg mit de Frankenkönigen Pippin un Karl Martell wegen de christliche Missioneren. Na Radbods Dood 719 gung de Krieg wieder. 754 wurr Missionar Bonifatius vun de Oostfresen doodslaan. Toletzt siegte Kaiser Karl de Grote, he regeerte 771–814, över de Fresen un hett se christianiseert, aver nich ünnerjocht. De Historiker Albert Panten schrifft in „Geschichte Nordfrieslands", de eersten Fresen kemen al to Tiet vun de Fresenkönig Radbod hierher. Later speelten de Dänen Horik un Rörich en Rull, de in Deensten vun de Franken-König Lothar stunnen, en Nafolger vun Kaiser Karl de Grote. Horik un Rörich hebbt en Tiet lang Dele vun Freesland mit de Hauptstadt Dorestad regeert. Rörich kreeg de Herrschaft över de Region twischen Noordsee un Eider, dat kunn Eiderstedt ween. Freesch weer vör 1200 Johr de Hauptspraak an de Noordsee un ward hüüt blots noch noorden vun Husum snackt, deels op de Uthlande – vun en poor Dusend mit ölven Dialekte op de Halligen –, de Geest-Inseln un op dat Fastland um Risum-Lindholm bet Bredstedt. Dor fraagst du di doch, worum dat hüüt so is. Villicht wegen de Störmfloden, de vele Fresen verdreven hebbt. Vun Süden keem jümmers mehr Plattdüütsch un Hochdüütsch un hett dat Freesche tosett. Hoochdüütsch weer de mächtige Spraak vun de Lutherbibel. De Fresen harrn keen Schriftspraak. Dat geev al fröh en freesche Utwannerung na Amerika – sünnerlich af de Kriege in de Napoleontied, denn wurr de Walfang vun de Noordsee na de amerikaansche Oostküst verleggt, na Neufundland. De Westfrees Peter Stuyvesant weer 1654

Grünner vun Nieuwe Amsterdam, later New York, un al 1625 weer Jens Petersen ut Bredstedt as eerste Noordfrees in Amerika.

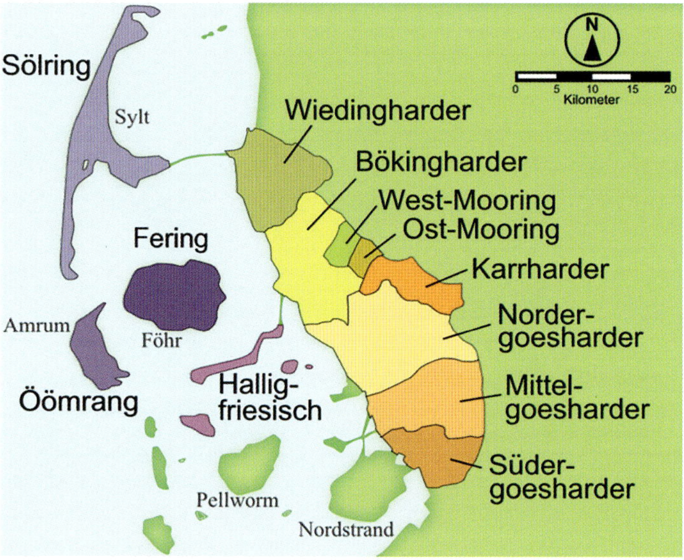

3 *Freesche Harden un Dialekte*

Torüch to de eersten Fresen, de al in't 7./8. Johrhunnert vun West- un Oostfreesland na Noorden hierher utwannert sünd, se wullen nich ünner de Frankenherrschaft kamen. De dore Fresen siedelten denn, wiel et na de Völkerwannerung noog friee Land geev, in de Region över de Eidermündung (Abb. 2). Vele Angeln un Sassen ut de dore Gegend weren över de Noordsee na Britannia trucken. Dat mit Horik un Rörich is nich historsch mit Dokumenten beleggt, schrifft Panten in „Geschichte Nordfrieslands". De Fresen hebbt vun de Noordsee her toeerst de grote Geestinseln besiedelt – af Röm un Sylt dal an de Wiedau un Tondern bet an de Eider. Dat harr ok mit de Wikingers as Hannelslüüd un Seefahrers to doon, de in Ripen un Haithabu an de Slie Hannel dreven. Af 1100 kemen vun Süden anner Fresen un hebbt sik wieder rin in de Uthlande un de Faste Wall – dat Fastland – ansiedelt. Domals sünd ok Neddersassen ut de Gegend twischen Oldenburg un de Elv na Noorden afwandert, t. B. na Oostenfeld in Noordfreesland, de hebbt ehr nedderdüütsche Spraak un Huustypen as dat Neddersassenhuus mitbrocht. Dat keem ok vun de velen Störmfloden an de Waterkant. So sünd in enkelte Wellen Minschen ut Frisia major na Frisia minor – unse lütte Noordfreesland – flüttet (Abb. 2). De olen Fresen weren bet um 1200 so ansehen, dat de Noordsee Mare Frisicum nöömt wurr. Dat schrifft de däänsche Geschichtsschriever Saxo Grammaticus, de 1204 sturven is. In de Uthlande leevten de Fresen mit egene Fresen-Recht in Harden. Op't Fastland – wieder in't Land un na Noordoosten – deelwies na dat däänsche Recht, dat Jydske Lov.

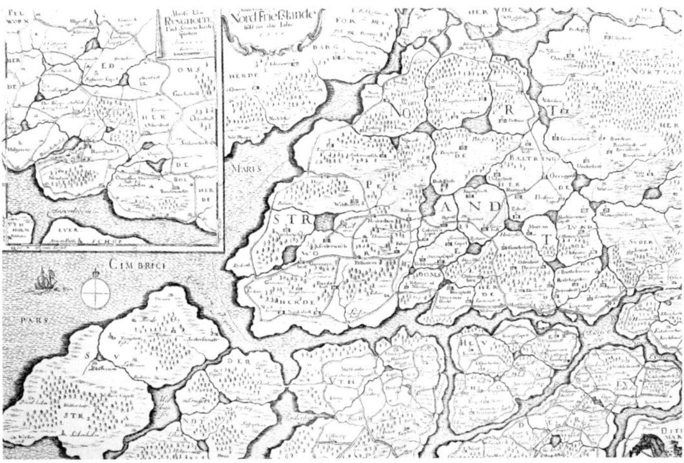

4 *Freesche süden Uthlande, um 1240. Baven links as Kortenutsnitt de Edomsharde mit Rungholt*

De Naam Noordfreesland is toeerst as Frisia borealis 1424 vun Staffno, Bischop vun Ottensee, nennt wurrn, meent is sachts Odense op de Insel Fünen. De 1362 un 1634 deelwies ünnergahne Pellwormharde mit de mächtige ole Pellwormer Kark un de Edomsharde – ok ünnergahn – mit Rungholt weren in de Tiet vun Dänenkönig Waldemar II. in't 13. Johrhunnert de Harden, wo de meesten Stüern betahlt wurrn (Abb. 4). Husum geev dat vör 1362 noch nich, dor stunnen blots en poor Hüüs op de högere Kant noorden vun de Au.
West- un Oostfreesland, Flandern, Brabant un Holland wurrn al bet rund 800 n. Chr. christianiseert; een Bischopsstadt weer Utrecht. Noordfreesland is bet um un bi 1050 christilich wurrn. Öllste Kark in Noordfreesland is de lütte Feldsteenkark vun 1065 in Olderup, poor Kilometers vun Mildstedt un Husum weg. In't Noorden behelen de Noordfresen noch lange Tiet Dele vun de ole noordsche Gloven; dorto hööRt t. B. Biike/Beeke un Rummelputt.
In Ripen, öllste Stadt vun Däänmark, weer de Hillige Ansgar Bischop. De hett al um 850 de eerste christliche Kark an de däänsche Westküst gründt, ut de is in't Middelöller de Sankt Marien-Dom to Ripen wurrn, gröttste un schöönste Dom an de Noordsee. De däänsche Königsstadt Ripen weer de wichtigste Haven- un Hannelsstadt mit Hannel na Noordfreesland, Westfreesland, Brabant, Flandern un Holland. Dorum gifft dat in Ribe hüüt noch vele Bispille för Nedderlandsche Renaissance un Tuffsteenkarken ut de Fröhtied bet um 1250. Af denn hett man de billigeren Backsteens nahmen, de in Tegelien vun de Region brennt wurrn. In't Süden höörten de Noordfresen vun de Wiedau bet an de Eider to dat Bistum Sleswig; unse Naver Dithmarschen höörte to dat Bistum Bremen. Ribe is jümmers en Reis na Noorden weert! Fohr hen, Ribe is man en lütte Stadt, du kannst dat to Foot an een Dag bewunnern – de prächtige Dom un best restaureerte Renaissance- un Backsteenarchitektur.

De Fresen as Diekenbuers – Trutz, Blanke Hans

Rungholt un Mildeborg weren um 1300 wichtige Steden för de Noordfresen. Domals weren de freesche Uthlande veel grötter as hüüt (Abb. 4), un de dore fruchtbare Uthlande weren in't Middelöller de gröttste Stüernbetahler för de Dänenkönig, dat steiht in dat *Jordbog* vun de däänsche König Waldemar II. vun 1231. De Fresen fungen an de südliche Noordsee in't 10. Johrhunnert mit de Diekbu an, dormit dat Land un de Minschen Schutz vör de Blanke Hans harrn. Baven in Noordfreesland wurrn eerst um 1100 eerste Dieken buut. Gott schuf das Meer, der Friese die Küste, weer en hochdüütsche Sprickwoort, jüst so as in dat ole Noordstrander Landrecht: Wer nich will dieken, mutt wieken! Dat dore Noordstrander Landrecht vun 1572 is op Nedderdüütsch/Plattdüütsch schreven un gull bet to de Inföhren vun dat *Börgerliche Gesetzbook* in't Johr 1900. Warften geev dat al af Christi Gebuurt as Schutz vun de Hüüs un Minschen. De Dieken wurrn in en Gemeenschaftswark as Schutz vun Ploogland un Veehtüüch buut. Wenn en Störmfloot dat goode Gras- un Ploogland mit Soltwater överswemmt, is an Feldbu un Ackerweertschop nich to denken un dat Land ward för enige Johr toschann, de Minschen möten hungern, dorum de Diekbu.

De gröttsten Störmfloden an de Noordseekant heten Grote Mandränken (hoochdüütsch: Großes Menschenertrinken) un hebbt gräsig vele Minschenleven nahmen. In de Julianenflood t. B. in't Johr 1164 sünd na de Opteeknungen in Westfreesland över 100 000 Minschen in dat fruchtbare Maschenland in Oost- un Westfreesland, Holland un op de südoostengelsche Noordseekant verdrunken.

In en anner Grote Mandränke, de Rungholtflood, kemen 1362 ok vele Dusend bi uns in Noordfreesland to Dood. Domals is unse freesche Hannelsplack Rungholt in een eenzigste Nacht ünnergahn. Jüst so as in de Grote Mandränke vun 1634, as de rieke Insel Strand bi uns vör de Huusdöör tweireten un deelwies ünnergahn is – mit rund 25 Karken un Dusende Verdrunkene. Dat steiht in de *Nordfreesische Chronik*, 1662 vun de Noordstrander Paster Magister Anton Walter Heimreich schreven. De weer 1652 bet 1685 op de Hallig Noordstrandischmoor Paster, man blots 20 Johr na de Grote Mandränke vun 1634. Laterhen is denn de Insel Noordstrand mit de Hülp vun nedderlandsche Religionsflüchtlinge mit toletzt söven Noordstrander Kööge wedder indiekt wurrn. De dore deels kathoolschen Familien ut Brabant, Flandern, Friesland un Holland wurrn ut de reformeerten Nedderlande verdreven un durven för de däänsche König hier ünnerkamen, wenn se mit Geld hölpen wullen, Noordstrand wedder intodieken. As Belohnung schullen se Andele an de indiekten Kööge mit en Verdrag doröver kriegen, en Oktroi, un dormit Partizipanten warrn. Welke dorvun leven noch hüüt op Noordstrand. Dat gifft bi de ooldkathoolsche St. Theresienkark op Noordstrand en Denkmal för de inwannerten Minschen vun Brabant, un op de Karkhoff vun St. Theresien kannst du vele Graffsteens mit flaamsch-brabantsche Naams sehn. Du fraagst, wat Ooldkatholiken sünd? Dat is en ole Röömsch-kathoolsche Minnerheit, de de Papst in de Vatikan siet 1871 nich as hööchste Instanz ansehn, keen Zölibat leven un de Fruuns-Ordinatschoon tolaten. De Aartbischop as Hööchste sitt in Utrecht un is ok för Düütschland un Noordstrand tostännig.

Grote Mandränken gifft dat aver hüüt nich mehr, hüüt sünd de Dieken an de Noordsee hooch un fast. De letzte Störmfloot mit vele Doden weer 1962 de Hamborgflood mit 340 verdrunkene Minschen. Domals un denn 1976 wurrn rund de Hälfte vun all unse Dieken an de Noordsee so dull schaadhaftig, dat se op en niege Oort as Sandkerndieken wedder opbuut warrn mussen, wat dat Land Sleswig-Holsteen nich alleen betahlen kunn – dorto gifft dat siet 1962 de *Generalplan Küstenschutz.*

Bi de dore Sandkerndieken ward de Diek ut Sand opspöölt. En Spöölbagger liggt buten vör op en Sandbank un pumpt en Sand-Water-Mischen över Pipelines hen na de Diekbusteed. Denn löppt dat Water vun alleen wedder af un ut de Sand ward mit Hülp vun Baggers dat faste Diekprofil herstellt. Doröver ward en Vlies (op Engelsch fleece) ut unverrottbore Kunststoff spannt, de de Sand fasthöllt. Dorop kummt en Kleischicht vun mehr as en halve Meter un toletzt Grassoden. Op de fardige Diek lett man Schaap lopen, de de Grasnarv fastpedden; swarere Deerten so as Rindveeh wurrn de Diek tweipedden. De Nedderlanners hebbt uns dat siet 1954 vörmaakt – na de Hollandfloot mit 1800 Verdrunkene. Hütige Dieken sünd veel höger un in de Foot veel breder as vör 1962. De Diek vör Noordstrand hett en Hööchde vun 8,70 m un en Diekfoot-Brede vun 144 m; de Rungholt-Diek weer man blots 1,40 m hooch un de Foot 7 m breet.

De Wikinger-Fresen-Waterweg twischen Noord- un Oostsee

Mit Scheep över de Noordsee an de Waterkant to seilen weer jümmers swaar. Dat geev vele Strööm, Tiden, Undepen, Prielströöm, de sik verlagern, vele Sandbanken – mit vele Schippshavarien un Strandrövers. Liekers hett dat ween muss, dor leevten vele Minschen, de sik versorgen, Hannel drieven oder fischen wullen. Dat geev vele Waterweeg (Abb. 5 un 6) dör de Uthlande, de wichtigste is in de Kort swart kenntekend. De leep vun de Noordsee an dat noordfreesche Helgoland vörbi rin in de Uthlande, över Waterweeg op de domalige Noordereider un Treene an Swabstedt vörbi na Hollingstedt. Vun dor deels över Land bet na de Slie – Schlei – na Haithabu / Sleswig bet an de Oostsee. Haithabu weer de südlichste

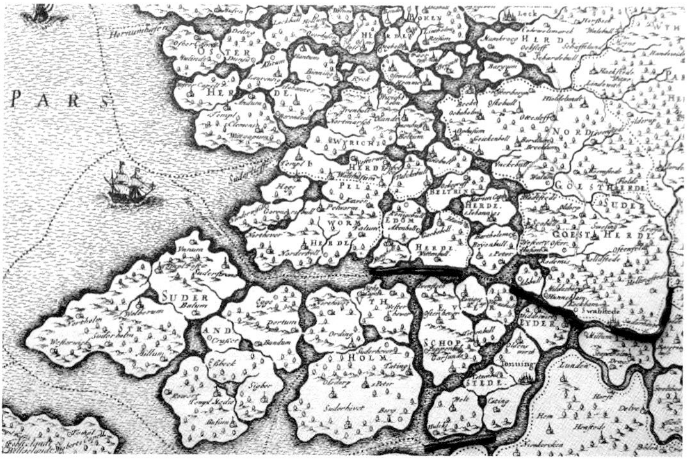

5 *Wikinger-Fresen-Waterweg*
Uthlande-Treene-Hollingstedt-Slie/Haithabu

Hannelssiedlung vun de Wikingers, dat weren däänsche, noordsche Lüüd mit Hannel wied hen na alle Richtungen. Haithabu wurr mehrmals vun de südliche Oostsee her vun de slawische Obodriten angrepen un wurr dorum vun de Wikingers 1066 opgeven. Nafolger dorvun wurr Sleswig – Sliasthorp – un wurr Bischopsstadt mit de Sleswiger Dom, lieköver vun Haithabu. Op de anner Siet liggt dat hütige Dörp Haddeby.

De Reste vun Haithabu sünd hüüt wedder mit veel Möögde as ole Wikingerdörp rekonstrueert. Jüst so as de Wall- un Gravenbuwarken ut dat fröhe Middelöller – Dannewerk, Kohgraven un de Waldemarsmuer, de 2019 to en UNESCO-Weltkulturerbe deklareert wurrn (Abb. 6). Dat allens mutt aver noch beter instand holen warrn, dormit t. B. de Waldemarsmuer ut Millionen Tegelsteens nich uteneenfallt. Dicht bi dat historsche Haithabu an de Slie sünd vele Johr lang archäoloogsche Utgravungen ween un en Barg Artefakte ut de Wikingertied funnen wurrn – all to sehn in dat Wikingermuseum Haithabu, en grote Museumskomplex. Du schullst dor henfohren un di dat ankieken! Vele friewillige Fruuns- un Mannslüüd, Kinner un Hobby-Wikinger sorgen sotoseggen verkledet as Handwarkers, Huusfruuns un Kooplüüd vun de Wikingers dorför, dat du as Besöker denkst, du büst in en ole Wikingerdörp – un kannst de Lüüd dorbi tokieken, wodennig dat Wikingerleven sik afspeelte.

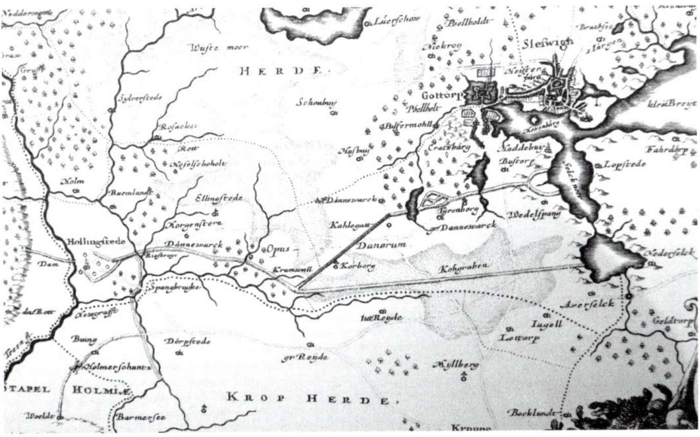

6 *Dannewerk, Kohgraven, Waldemarsmuer vun Hollingstedt bet Haithabu*

Solt ut Törf – dat Witte Gold vun de Fresen

De Fresen hebbt al siet ole Tieden ut Törf Solt wunnen. Um en Watt- oder Vörlandflaag hebbt se en lütte Sommerdiek, de nennte sik Kajediek, anleggt, dormit se op't Dröge arbeiden kunnen. Dorop wurr de Soltsiederwarp ok as Schutz anleggt. In de ole Törf ünnert Watt oder ünner de Kleischicht is Meersolt inslotén, wat in Johrhunnerte mit dat solten Noordseewater in de Törf infungen is. De Kleischicht oder Slickwattschicht doröver hebbt se in harte Arbeit afdragen, denn hebbt se sik as bi't Goorngraven immer striepenwies rüchwarts arbeidt (Abb. 7). De Törf ünner de Böverschicht hebbt se graavt, afstaken un drögen laten. De dore Groov, de na dat Törfsteken entstahn is, hebbt se dorna mit en anner, de nächste Böverschicht Klei oder Wattschicht wedder opfüllt. De dröögte Törf hebbt se verbrennt. De Asch hebbt de Soltsieders in grote Soltwaterketels kaakt un filtert, bet toletzt dat reine Solt – dat *Witte Gold* vun de Fresen – överbleven is. Dat weer lange Tiet so beleevt, dat wurr mit schiere Sülver betahlt. Sodennig hebbt se jümmers mehr Flächen afgraavt. De Methood vun Solt ut Törf is 1658 in de Nordfresische Chronik vun Paster Anton Heimreich vun Noordstrand beschreven. De Noordfresen hebbt t. B. bi Rungholt un Langeness rund 40 000 Hektar för de dore Solttörf afgraavt un sodennig grote Flächen deper leggt, dat weer nich goot.

Toletzt harrn se dat beste Solt in de Oort vun Meersolt oder Fleur de sel, womit se hannelt hebbt. Solt weer en wichtige Hannelsgood. Dat dore Solt ut Törf smeckte aver anners as dat Steensolt vun t. B. Lüneborg, teemlich bitter wegen de hohe Magnesium-Andeel. De Soltsieders weren Manns- un Fruunslüüd.

Rungholt un dat königlich däänsche Ripen/Ribe weren de wichtigsten Steden för de Solthannel. Ripen harrr domals an de 8. September, dat is de Marien-Boortsdag, de gröttste Soltmarkt an de Noordsee. Ripen weer as däänsche Königsstadt vun de Toll friestellt un hett mit Solthannel bannig veel Geld innahmen. Ok bi Husum weer bet um 1600 en Soltsiederie bi de Soltbargen.

De Dänen nöömten de Noordsee Westsee – Vesterhavet, ok hier in Husum hebbt de Lüüd fröher Haff seggt, wat ut dat däänsche Vesterhavet kummt. Theodor Storm sien Gedicht Meeresstrand fangt an mit: „Ans Haff nun fliegt die Möwe/ und Dämmrung bricht

herein/ über die feuchten Watten/ spiegelt der Abendschein ..."
Kaiser Karl V. vun dat Düütsche Kaiserriek hett denn de freesche Solthandel in sien Kaiserriek verbaden, in dat däänsche Ripen gung dat aver wieder, Ripen kreeg 1621 sogor dat Monopol för de Hannel mit freesche Solt.
De Fresen in de Uthlande hebbt aver nich markt, dat se sik mit dat Solttörf-Afbu op grote Flächen de Noordsee sülvst inladet hebbt: Grote Flächen in dat Vörland oder Watt wurrn afgraavt, dat Land wurr sodennig deper leggt – de Blanke Hans kunn bi de nächste Störmfloot veel lichter angriepen. Ok dat de Fresen dör dat siede Maschenland, deelwies ünner Meeresniveau, vele Gröve un Sieltöge trucken hebbt, dormit dat Water gauer aflöppt, hett dat Maschenland afsacken laten.

7 *Kultursporen in't Watt bi Langeness – vun de Solttörfafbu*

In't Noordfreesland Museum Nissenhuus in Husum gifft dat al siet Johren en Utstellen to Rungholt, Diekbu un Störmfloden, de kann di veel wiesen över dat dore eernsthaftige Thema. De dore Utstellen schullst du di mal ankieken, denn weetst du veel beter Bescheed över de Geschichte vun de Diekbuu, över Diekprofile,

över de sware Arbeit vun de Diekbuers fröher. De Utstellens över Noordsee un Diekbu un wat dat för unse Tokunft mit de Klimawannel to bedüden hett jüst för uns an de Waterkant warrn all poor Johr umännert un aktualiseert. Dor ward unse urole Problem mit Noordsee un Störmfloden präsenteert as en Beleevnis för de Museumsbesöökers, mit niemoodsche Methoden as 3D-Brillen un Multimedia un wat dat nich allens gifft. De dore Utstellens passen bestens na Husum as Hauptstadt vun Noordfreesland un as Poort to de Natschonalpark UNESCO Weltnaturerbe Wattenmeer.
Denn dat gellt jümmers: Noordsee is Moordsee!

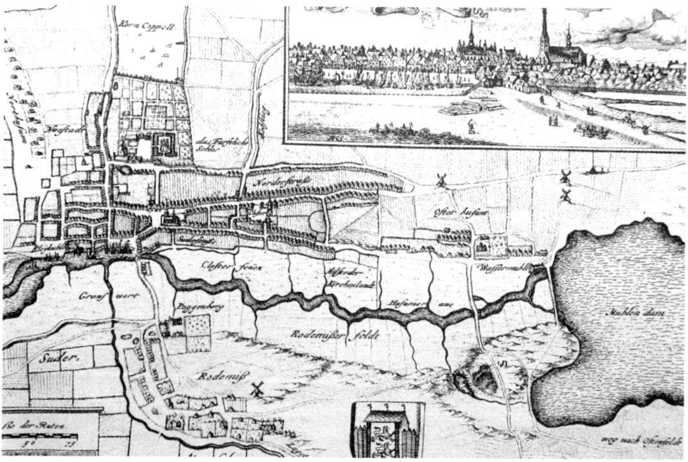

8 *Husum um 1600 mit Husumer Au un Möhlendiek*

Störmfloden sünd an de Noordsee siet 839 n. Chr. dokumenteert. Al 839 is dat Ijsselmeer bi en Störmfloot entstahn un hett Frisia major – Westfreesland – tweireten. Eerst in't 20. Johrhunnert sünd denn grote Dele vun dat Ijsselmeer as Polder – dat is hollandsch för Koog – wedder indiekt wurrn. Bet hüüt hen hett dat

rund 350 Störmfloden in de letzten 300 Johr geven, aver de allermeesten sünd man blots Störmfloden so um twee Meters över normal. De slimmsten sünd mehr as fief oder binah süss Meters över Normal – un dat dore Kaliber ward jümmers mehr. Dat de Störmfloden jümmers höger utfallen, liggt an de Klimawandel. Dorum sünd de hütige Dieken deelwies 8,70 m hooch un hebbt en Diekfoot vun rund 140 m. De Rungholtdiek weer man blots 1,40 m hooch mit en Diekfoot vun jüst söven Meters. Stell di vör: Siet de letzte Iestied vör rund 8000 Johr is de Waterpegel hier op dat noorden Weltmeer um över 40 m anstegen un hett eerst de Noordsee entstahn laten. De Noordsee weer vörher blots en boomlose Tundra, wo Steentietjägers leevt hebbt. In unse grote Husumer Schippfohrtsmuseum is en Kajak to bekieken vun de Oort, wat sik de Steentietjägers buut hebbt. Se harrn keen Holt un hebbt de Spanten ut Rentierknaken maakt. So en Spant ut en Rentier-Schullerblatt is ok in't Museum to bewunnern – mit rund 12 000 Johr en vun de öllsten Fundstücken ut de Noordsee bi uns vör de Huusdöör.
Um 1300 gung in en grote Störmfloot in de hütige Südermasch dat gröttere Dörp Mildt/Mildeborg ünner – un de Nafolger is an de Geestkant Mildstedt wurrn, dat weer de Hauptplack för de Südergoesharde. De Noordsee, de Blanke Hans, brook dör mit de Heverstrom bet ran an de Husumer Au na de lütten Dörper Westerhusum un Osterhusum op de Geestkant noorden vun de Husumer Au (Abb. 8), un1362 keem de nächste Grote Mandränke, de Rungholtfloot.
Dör de niege, bredere Süderhever un de fröhere Noordereider bet hen na Swabstedt freet sik de Noorderheverstrom en niege Bett un is eerst laterhen mit veel Möögde tamm maakt wurrn. Ut en poor Dörper op de högere Kant wuss na 1362 Husum mit Haven un Schippsbrüch, an de vun de Noordsee vele Scheep anleggen

kunnen. Husum wurr in rund 100 Johr bet 1452 de wichtigste Bleeck, dat heet Marktflecken, vun de Fresen an de Westküst.

Dat Privileg vun Ripen 1460 un de Grafenfehde 1472

1460 versprook de junge Dänenkönig Christian I., eerste Dänenkönig ut de Oldenburger Adelsfamilie, in dat Privileg vun Ripen, dat Slesvig un Holsteen *bliven ewich tosamende ungedeelt*. De Fresen hōörten to sien däänsche Riek. Aver 1472 in de Grafenfehde stunnen vele Fresen op de Siet vun Graf Gerhard vun Holsteen, de Broder vun König Christian I. Graf Gerhard wull sülvst geern Hertog vun Sleswig un Dänenkönig warrn un hett de Fresen vun de Insel Strand, vun Eiderstedt un en poor freesche Dörper rund um Husum gegen sien Broder Christian opwiegelt. Se schullen vun em belohnt warrn, wenn se em gegen de König Christian I. bistahn deen. König Christian beheel de Böverhand, Graf Gerhard un de Fresen haalten sik en blödige Nees. Graf Gerhard is utneiht na Holsteen, un rund 35 Anföhrers, welke Quellen seggen, dat weren sogor 70, op Eiderstedt un vun de Fresendörper wurrn to Dode verurdeelt. Vele wurrn ehr Egendom los, wurrn verdreven, un op ehr Hüüs wurr de Rebellenstüür för de däänsche König opleggt – bet 1872. Husum harr slechte Koorten, verloor 1480 ok de Tollfrieheit, dat Privileg op en städtische Sülvstverwalten, dat Recht op en faste Muur oder Wall um de Stadt un dordörch vele Waren un Kooplüüd, keem aver jümmers wedder op de Fööt. Husum kreeg to Straaf noch keen Stadtrecht as Tönning un Garding, dat geev dat eerst 1603. Liekers blöhte de Husumer Hannel mit West- un Oostfreesland, Holland, Brabant un Flandern düchtig in't 16. Johrhunnert – Amsterdam un Enkhuizen, Hoorn un Harlingen in Westfriesia (amtliche Naam) weren de beste Hannelspartners vun Husum. Westfreesland weer domals lange Tiet de riekste Provinz vun de Nedderlande.

Flensborg aver weer de Winner, Flensborg weer an de Grafenfehde 1472 nich bedeligt un bruukte blots liekeveel Toll betahlen as dääansche Scheep. Flensborg weer ok af dat 17. Johrhunnert mit 3000 dääansche Rigsdaler in Westfreesland an de Oostindische Kompanie bedeligt un hett sodennig an de Oostindienhannel goot mitverdeent. Stell di vör, um 1635 harr Kopenhagen man 88 Scheep to See, Flensborg harr 200, dor sühst du, wo wichtig Flensborg weer. Aver ok wenn Husum sik um de Tollfrieheit brocht hett, so hett Husum doch as Transithaven för de Hannel na Westen un na Flensborg profiteert. Un mit dat Stadtrecht 1603 un 1608 kemen vele Privilegien wedder torüch, de vörher weg weren: Dat Privileg, vun alle Scheep – vun de Wattenschippfahrt un Seeschippfahrt – Baken- un Tünnengeld intotrecken; dormit kunn Husum mit dat Commercium as Institutschoon de Schippfohrtsweeg sekern. Mit de rieke Insel Strand harr Husum en wertvulle Mascheninsel as Koornkamer un för de Veehweertschop vör de Huusdöör. De Grote Mandränke vun 1634 weer dorum noch en slimme Saak för Husum, dor is bannig veel fruchtbare Land afsopen.

Dat Slott vör Husum, dat Kavaleershuus un dat Doorhuus

1544 wurr Sleswig-Holsteen opdeelt ünner de dääansche König un twee vun sien Bröder, een weer Hertog Adolf vun Gottorp. De Gottorpers (Gottorfer) regeerten vun dat Slott Gottorp in Sleswig un buten 1582 dat Husumer Slott an de Stääd, wo vörher en Minoriten-Kloster vun de Franziskaner-Mönche stahn harr, dat na de Reformatschoon afreten wurrn is. De Gottorpers harrn al vörher dree Slötter in Sleswig, Tönning un Reinbek bi Hamborg. Dat Husumer Slott harr en grote Kunstsammeln. De Hertogs-Witfruen Maria Elisabeth un Augusta vun Däänmark hebbt in't 17. Johrhunnert dat Slott op dat Beste utstaffeert mit schöne

Biller un Möbel un prachtvulle Kamine, för de se sik as Steensnitger för Marmelsteen un Sandsteen (hoochdüütsch: Steinmetz) Henni Heidtrieder haalt hebbt. De Gottorpers harrn in unse Hertogdömer Sleswig-Holsteen de tweetgröttste Kunstkamer in Nordeuropa, dor hebbt alleen rund 600 wertvulle Gemälde tohöört un dat achte Weltwunner, de Gottorper Globus. Blots Däänmark harr in Frederiksborg un Kopenhagen mehr Kunst. De Husumer Slottpark wurr to Best as Barockgoorn anleggt, een vun de schöönsten vun Sleswig-Holsteen – un eerst 1878 in de Kaisertied as hütige Engelsche Goorn. De beröhmte Barockgoorn is beschreven in dat Book vun Adrian von Buttlar, Margerita Marion Meyer (Hg.), Historische Gärten in Schleswig-Holstein. De eersten Krokusse stammen sachts vun de Franziskaner-Mönche, de dor Safran ut winnen wullen.
Neegbi steiht dat grote Kavaleershuus (Abb. 9), af 1632 buut lieköver vun't Slott an de Westsiet, as – op Hoochdüütsch – zweigeschossiger Backsteintraufenbau mit Treppengiebeln, Nedderlandsche Renaissance. Dat weer domals sotoseggen dat Gästehuus vun't Slott un is al siet 300 Johr en Privathuus. Dat Huus höörte fröher to de Slottgrund un hett dorum en grote Grundstück mit ole Boombestand, veele Blomen, t. B. Sneeglocken, Krokussen, Märzbeker, Adebaarsblomen (Buschwindröschen), Oosches (Primeln), Jakobsleddern, Narzissen – un in de Ecken veel Bärlook.
In dat Kavaleershuus is Ferdinand Tönnies groot wurrn, he keem ut en Oldenswoorter Buernfamilie. 1855–1936 hett he leevt, en bannig kloke Minsch, hett al mit 16 Johr in Husum sien Abitur maakt un he weer laterhen Storms Fründ in dat Öller vun Storms Söhns. Tönnies wurr denn de Begrünner vun de Soziologie as universitäre Disziplin un weer Professor in Kiel. Sien Standardwark dorto heet „Gemeinschaft und Gesellschaft". Hitler un sien Nazis hebbt

em aflehnt – dor geev dat statt Soziologie dat Föhrerprinzip: Ein Volk, ein Reich, ein Führer. Tönnies wurr de Pension körtet un tosamen streken, he is as arme Mann sturven. Op de Weg na de Slottgorn steiht vör dat grote Sandsteenportal vun Henni Heidtrieder rechts dat Ferdinand Tönnies-Denkmal, dor süht he röver na dat Kavaleershuus. Dat Graff vun Ferdinand Tönnies is op de Oldenswoorter Karkhoff.

9 *Dat Kavaleershuus vun 1612 as Gästehuus vun't Slott*

Dicht dorbi kummst du vun de Stadt ut direktemang op dat Doorhuus (Torhaus zum Schloss) to, dat is 1612 dor opstellt as sneewitte, imposante Renaissance-Buwark – mit kunstvulle Sandsteen-Figuren vun de griechischen Göttinnen Hera, Aphrodite un Athene (Abb. 25). Du sühst en grootoordige Gävel vun Sandsteen. Dat is nu aver keen eenfache Treppengävel, dat heet Voluten- oder Floris-Architektur. Allens is in Sandsteen in haut meest as Blomenranken, dat weer dat Wertvullste an Sandsteensnitgerie, wat dat geev. De Steenhauer Henni Heidtrieder weer domals beröhmt un hett för dat Slott ok veer Sandsteendoren un de Sandsteen- un Marmorkamine in Steen haut. Vun de prachtvulle Sandsteen-Doren steiht blots noch een as Dörgang to de Park. För Hamborg hett he um 1600 dat prachtvulle Dammdoor buut; an de Stääd steiht hüüt de Dammdoorbahnhoff.

Husum ward 1603 Stadt

10 *Stadtwappen 1465*

Husum lööste sik erst af 1431 vun Mildstedt, wat de Hauptplack in de Südergoesharde weer. Husum weer um 1450, rund 100 Johr na de Rungholtfloot vun 1362, to en gröttere Bleek – Marktflecken – tosamenwussen ut Westerhusum, de Ooltstadt um de Schippsbrüch un de högere Markt. Dorum stellte Husum de Andrag op en egene Kapell. Se kregen denn ok een, mussten aver an Mildstedt as Hauptkark noch so'n Oort Aflöse betahlen. En egene, mächtig grote Kark kreeg Husum denn 1507, de gewaltige ole Marienkark. In de dore Tiet blöhte Husums Hannel un Handwark. Husum kreeg aver eerst 1603 Stadtgerechtigkeit un 1608 Stadtrecht – as Hauptstadt vun de Südergoesharde –, un weer to de Tiet de wichtigste Stadt in Sleswig-Holsteen. Dat Husumer Stadtwappen (Abb. 10) vun 1465 wiest, dat Husum dat Recht op en holten Palisadentuun harr – keen stenern Stadtmuur. Laterhen um 1700 wurr denn Flensborg, unse Konkurrent bet hüüt, wichtiger as Husum. Sleswig weer keen Hannelsstadt, dor weer dat Slott Gottorf mit 'n lütte Stadt rundum un de Hertog mit sien Regeren un Hoffstaat, dat weer en vun de wichtigsten Toll-Städen. Dor mussen op de Ossenweg de Händlers mit Veehtüüch un all anner Hannelswaren dör un Toll betahlen. För König, Adel un de Hertöge weren de Toll-Innahmen de wichtigste Innahmen vun bore Geld, dorum wurr hart bestraft, wer de Tollstäden umgahn wull. Dat Umgahn vun Toll heet Unterschleif un kunn mit de Dood bestraaft warrn.

Husum un sien Haven

11 *Dat Husumer Seegericht an 't Westerend*

Bi de Rungholtfloot 1362 brook de ole Hever, de Wattenstrom, dör bet an de Utloop vun de Husumer Au, as ik baven vertellt heff. De wurr as Süderhever noch breder un deper un kreeg en Aftwieg mit de niege Noorderhever, de nu merrn dör dat ünnergahne Rungholt leep un sik jümmers deeper na Noorden infreeten hett. De dore niege Süderheverstrom weer vör Husum ok en Glücksfall. Scheep vun Butenlands kunnen op mal Hannel drieven mit Noordfreesland. Wohrhaftig geev dat al siet um 1400 Scheep ut Brabant, de sünd de Süderhever bet Husum un ok na Ripen ropfahrt. De Havenkant mit de niege Schippsbrüch wurr inricht för Hannelsscheep. Laterhen

in de Johren na de Slottbu 1582 wurr dat jümmers wichtiger, dat de Seelüüd un Hannelsscheep sik op de sekere Husumer Haven un op sekere Rechte verlaten kunnen. Dorum kreeg Husum – regelt dör dat Husumer Commercium – al in de dore Johren en afsekerte Waterweg mit Baken un Tünnen an de Süderhever – un al um 1582 dat Weichbildrecht as Vörlöper vun dat Stadtrecht, denn en betere Marktrecht un dat Wisbyer Seerecht! Dormit weer de Seefohrt vun un na Husum seker. Laterhen harr Husum sogor en vulle Seegericht mit twölf ehrenamtliche Beroopsschippers för all Inselfresen. Oland t. B. harr dat halve Seegericht blots för de Halligen.
Um 1750 wurr dat Seegericht op dat Westerend buut (Abb. 11). De Haven weer aver duernd vun de Noordsee her vullslickt, dor kunnen bald keen grote Scheep mehr rinfohren. De Husumers hebbt denn versöcht, de Slick mit veel opstaute Water mit Hülp vun Spöölslüsen ruttospölen, aver dat hett nich veel brocht. Dorum is Husum keen Havenstadt mit en sekere Fohrrünnel wurrn – de Haven weer man blots goot för lüttere Scheep. En Vördeel för Husum weer de Towannerung ut de Nedderlande. De legen in't 16./17. Johrhunnert mit de Herrschers vun de Spaanschen Nedderlande, de Habsburgers, över Krüüz. De Nedderlande wullen unafhängig warrn. Wegen dat dore Unafhängigkeitskrieg sünd vele Nedderlanners utwannert na Oostfreesland, na Tönning, na Friedrichstadt un Husum. All weren dat düchtige Schippers, Kooplüüd, Handwarkers, Diekbuers. In Friedrichstadt, eerst 1621 gründt, stellten de Nedderlanners de gröttste Andeel un investeerten veel Geld, dat sühst du an de smucken hollandschen Hüüs. Friedrichstadt weer en Lüchtfüür för de Religionstoleranz, dor leevten vele Religionsgemeenschaften, t. B. de Remonstranten, Quäker, Mennoniten, Mormonen, Katholiken, Ooldkatholiken – un bet 1938 ok vele Juden, un all harrn se egene Karken un Karkhööv.

12 *Waterreeg*

Raathuus, Herrenhuus, Hertogin-Augusta-Huus, Wernerschet Huus

De Husumers harrn al domals in't 15. un 16. Johrhunnert en wohrhaftige Weertschopsopswung – hoochdüütsch: „erste Blütezeit Husums" –, in de se so veel Geld verdeent hebbt, dat en Reeg schöne Hüüs in de wertvulle Noorddüütsche oder Nedderlandsche Renaissance-Stil in Backsteen buut wurr. Dorto höört ok dat Raathuus vun 1601 an de Markt, wo fröher en grote Schenkwirtschaft Zum Engel för Veehhändlers un Kooplüüd stahn harr, de wurr 1600 afreten. Dor keem dat imposante Raathuus hen, in Backsteen-Gotik un Renaissance mit Treppengävels, Sandsteen-Arkaden un Sandsteentrepp, ünner de du in de Markthall ünner dat Raathuus keemst. Dor harr denn de Marktmeester dat Seggen. Toeerst hebbt de Husumers nich hebben wullt, dat dor ok frömde Kooplüüd handeln deen, un dat hett de Hertog tolaten. Aver 100 Johr later hett denn de Eiderstedter Staller Caspar Hoyer as Deenstmann vun de

Hertog dörchsett, dat ok butenlandsche Kooplüüd op de Markt handeln durven. Dat brochte Husum en Opswung. 1607 weer de Markt an de Dünnersdag an de Brede Straat, hüüt Grootstraat, al so vull, dat keen Platz mehr weer. Dorto wurrn tweemaal dree Daag in't Johr as Extramarkten inricht, as Fröhjohrs- un Harvstmarkt för de Veehhannel.

De Markthall ünner dat ole Raathuus gung wiet na achtern dör, grötter as de hütige Raatskeller, dor weer en Schankkroog mit anbuut. Eerst vör poor Johr hebbt Archäologen bi Utgraven faststellt, dat dat ok richtig opwännig buut weer, se hebbt 'n Barg Fundsaken vun dat 15./16. Johrhunnert utgraavt.

13 *Husumer Raathuus vun 1601 – hüüt*

Dor nerrn is al so vele Johrteihnte de Raatskeller binnen, en renommeerte un beleevte Restaurant, wo du in de historsche Keller dien Eten geneten kannst.
Över de Markthall weer de grote Raatssaal mit en mächtige Ekenbalkendeck. De kannst du hüüt noch bewunnern, wenn du de Sandsteentrepp na de Tourist-Information ropgeihst. De Bumeester 1601 weer Peter vun Maastricht – de keem ut Tönning, de Husumers harrn noch keen egen Bumeister. Tönning weer to de Tiet mit de wichtige Haven al en beten wieder as Husum un ok al twee Johr fröher Stadt. Laterhen wurr dat Raathuus mehrmals umbuut, toletzt um 1965. Vun de prachtvulle Sandsteen-Fassaad is blots noch de schöne Trepp vun 1601 överbleven (Abb. 13).
Dorbi steiht ok dat Huus Markt Nr. 1, dat is de ole Husumer Münt, jüst so as dat Herrenhuus un Raathuus in Renaissance-Stil. Dor wurr de Husumer Daler 1522 blots för 'n poor Exemplare prääqt, denn keem de Münt na Kopenhagen. De Husumer Daler is hüüt en bannig weertvulle Sülverdaler, dat schall blots noch ölven Stück dorvun geven, een dorvun in de ole Husumer Börgermeesterkeed, en anner in de Landesbibliothek Kiel. Pass op: Dat is doch wohrhaftig de eerste noordeuropääsche Sülverdaler, de Hansestadt Lübeck kreeg eerst 1528 egen Sülverdalers. Een vun de Husumer Dalers wurr in de Juni 2020 in Osnabrück för wohrhaftig 75 000 Euro veraukschoneert. Dat Huus hett sik na 1619 de Hertogin Augusta vun Däänmark as Witfru toleggt, as ehr egen Stadthuus. Se is de Urgrootmudder vun Zarin Katharina de Grote in Russland. De Zaren, dat weren de Romanows, höörten to dat Huus Holstein-Gottorp un weren eng verwandt mit de Oldenbörgers un Gottorpers. In dat dore Huus an de Markt hett Hertogin Augusta en eenmalig schöne Renaissance-Stuckdeck intrecken laten, op dat Beste as Lehmstuckdeck, beter as Gipsstuck. Gipsstuck is anfälliger för Fuchtigkeit un Water, Lehmstuck kann Fuchtigkeit

beter af, sünnerlich disse Lehmstuck, dor wurrn Kalverhoor vun Noordstranner Kalver inarbeidt – de maakten de Weert un Fastigkeit. Dor kannst du an de restaureerte Deck en Phoenixvagel (Abb. 14) bewunnern oder Früchte ut de Paradiesgoorn, as Wiendruven, Fiegen, Granatappeln. Disse Stuckdeck weer na Hertogin Augusta ehr Dood för över 350 Johr mit en holten Deck verkledet, wurr vergeten un is eerst in't Johr 2014 wedder bi en Restaureren vördag kamen. Se is vun de besten Stuck-Restauratoren ut ganz Düütschland restaureert wurrn – jedereen, de na Husum kummt, schull sik dat Wunnerwark ankieken. De Restaureren is dokumenteert as Sonderdruck in Denk Mal! Zeitschrift für Denkmalpflege, Jahrgang 24, 2017 rutgeven vun dat Landesamt für Denkmalpflege, över de Restaureren in Husum un Slott Gottorf. Dat Hertogin-Augusta-Huus is jüst restaureert un präsenteert sik histoorsch as smucke Laden siet September 2020 op twee Etagen, mit een Ruum as en Oort Husum-Museum. Gah hen, lohnt sik!

14 *Phoenixvagel in't Hertogin-Augusta-Huus – Renaissance-Stuckdeck*

Husums smucke Hüüs: Herrenhuus un Co. – Renaissance un Backsteen

15 *Herrenhuus, Husumer Münt (Hertogin-Augusta-Huus) un Raathuus*

16 *Herrenhuus mit Bislagwangen - de Sandsteenpielers an de Trepp*

Dor neeg bi steiht dat Herrenhuus (Abb. 15), wat al 1431 toeerst nöömt wurr, schrifft Albert Panten 2003. Dat Herrenhuus wurr buut in Backsteengotik un Renaissance-Stil mit Treppengävel un mit

Sandsteen-Simse. Baven in de Gävel sühst du 35 witte Steenköpp in dat Muerwark, de heten hoochdüütsch Rebellenköpfe, villicht as Mahnen, nie wedder as 1472 en Opstand gegen de Obrigkeit to maken – gifft blots blödige Näsen oder en Kopp körter.
De Hüüs Markt Nr. 1 un 3 sünd de öllsten Hüüs. De hogen Finstern in't Herrenhuus sünd aver erst 1890 so ännert wurrn – dor weer jüst de Neugotik modern, blots dat middelste hoge Finster mit en gootsche Spitzbagen is ut de late Gotik, weer al vun Anfang an dor. An de brede Granittrepp vör't Herrenhuus stahn twee Sandsteen-Sülen, de heten Bislagwangen (Abb. 16). De höörten to en fröhere Renaissance-Huus an de Markt vun Koopherr Peter Petersen sen. De sien Söhns Simon un Peter Petersen jun. leten na ehr Vadders Dood de prächtige Bislagwangen vör dat Huus opstellen mit de Inschrift Anno 1605 Simon un Peter Petersen Gebrodere. Laterhen gung dat Koopgeschäft denn dör Inheirat an de Familie Woldsen. 1862 wurr dat dore grote Huus to de Centralhalle umbuut as domals wichtigste un gröttste Weertschop mit Saalbedriev. 1929 wurr de ole Centralhalle afreten. Dor keem Plath & Timmann hen, en Textilkoophuus – de Husumers nöömten dat gootmödig Plath & Plünn. De Bislagwangen wurrn denn eerst vör dat Herrenhuus sett. Noch twee Bislagwangen kannst du an de Noorderstraat an de Eck vun de Schoolstraat bewunnern. Dat dore Huus hett um 1616 de Doctor Lathers un sien Fru tohöört, de kunnen as Grootbörgers sowat toweeg bringen. Husum weer en rieke Stadt mit 'n Reeg vun prachtvulle Backsteen-Renaissance-Hüüs – bet um 1900. Dorvun sünd Herrenhuus, Raathuus, Hertogin-Augusta-Huus, Kavaleershuus, Slott un noch dat Wernersche Huus in de Grootstraat överbleven (Abb.17).
En Stück wieder langs na de Markt steiht dat witte Huus vun Börgermeester Danckwerth (Abb. 18), ok Renaissance. Baven an de Fassaad löppt en brede, opfällige Sandsteenfries. Dat Huus speelt

in de Novell „Drüben am Markt" vun Th. Storm en Rull. Et höört hüüt to dat grote Textil-Koophuus C.J. Schmidt. Jüst links dorvun steiht noch en witte Huus, dor kannst du nich mehr foorts de Renaissance sehen – kiek op de Simse un de Rundbagens över de Finstern, denn warrst du de ole Architektur wies.

17 *Dat Wernersche Huus an de Grootstraat – en ole Koopmannshuus*

18 *Börgermeester-Danckwerth-Huus – baven de breede Sandsteenfries*

Jüst visavis steiht ok de Swaan-Aftheek vun 1656 (Abb.19), Husums tweetöllste Aftheek. Dor hebbt sik de ehrsame Patrizier-Familien in Husum, de Woldsens, de Feddersens, de Danckwerths, sachts ok de Adelslüüd ut dat Slott, al vör 350 Johren de Medizin haalt oder halen laten. De Aftheek steiht ünner Denkmalschutz un is in de Tostand vun 1795 in de Stil vun dat late Barock (hoochdüütsch: Spätbarock) restaureert, dat kannst du sehn, wenn du dör dat schöne Portal in de Verkoopsruum ringeihst. Sogor över de mächtigen Balkens ut Ekenholt baven an de Deck kannst du di wunnern. Egendömer weer de Afthekerfamilie Articus – de letzte Aftkeker Articus is 2019 sturven, he hett sik as Leidsmann vun de Sellschop för Husumer Stadtgeschicht för dat Bewohren vun en historsche Stadtbild insett. So en schöne Aftheek gifft dat man selten bi uns in Sleswig-Holsteen; de nächste jüst so schöne is villicht in Tondern de Ole Aftheek.

19 *Swaan-Aftheek vun 1656*

In de Swaan-Aftheek binnen sühst du rechts en holten Deck, de is wunnerbor bemaalt mit en Deckenmalerie, de wiest de veer Elemente vun de Heelkunst, as man se ut de Antike un Middelöller al kennt: Füür, Water, Luft un Eerd (Abb. 20). Aver wat nützen di de doren veer Elemente? Du schallst geern en foffte Element dorto bruken, dat is de Quinta Essenca, en schöne Fruensminsch – de sühst du baven twischen de veer Elemente stahn. Se höllt in de ene Hand dat Hillige Krüüz un in de anner en Kelch oder Pokal. Dat musst du di ankieken! Dat is grote Kunst.

20 *Quinta Essenza – Deckenmalerie in de Swaan-Aftheek*

De öllste Aftheek in Husum is aver de Eenhorn-Aftheek vun 1613 süden vun de Markt, de Eck Krämerstraat. Över dat Portal throont dat sneewitte Eenhoorn mit sien gollene Hoorn, dat wurr in't Fröhjohr 2020 jüst restaureert – bannig smuck. De Aftheek weer bet vör rund 40 Johr aver an de Eck Grootstraat-Marktplatz, in dat Huus vun dat hütige Fielmann-Laden; denn hebbt sik de domalige Egendömers dat fröhere Husumer Koophuus, dat ole Homfeldtsche Huus, kofft un dor de Eenhorn-Aftheek inbuut, wo se hüüt noch is. Dor keem denn en poor Johr later de eerste Husumer Passage rin. De Einhorn-Passage gifft dat hüüt noch, dor sünd allerhand Ladens un op mehrere Etagen verschedene Dokters in. Kannst dör de Passage dörgahn bet an de Ludwig-Nissen-Straat un Parkplätze.

De ole un niege Marien-Kark un Bumeester C. F. Hansen

Husum höörte bet um 1470 to dat Karkspeel Mildstedt, kreeg aver toeerst en egene Kapell un 1507 denn en mächtige gootsche Kark, de Marienkark, mit en gewaltige, 104 m hoge Toorn un mit 18 Altoren. De Marienkark weer to de Tiet een vun de gröttsten Backsteen-Karken in Noorddüütschland ut de Gotik. As de Husumers de Marienkark 1807 afreten hebbt, harrn de Tönningers, mit ehr egene, grote St. Laurentius-Kark an de Markt, en Spottleed: „De Tönninger Toorn is hoog un spitz, de Husumers hebbt de Verstand in de Mütz."
För de ole Marienkark hett Holtsnitger Hans Brüggemann um 1507 en Ekenholt-Standbild vun de Ridder St. Jürgen sneden. Dat wurr na 1807, na dat Afrieten vun de Marienkark, toeerst in de Husumer St. Jürgens-Kark afstellt un keem denn 1830 in't Kopenhagener Natschonalmuseum. Dat St. Jürgen-Standbild hett Theodor Storm in sien Novell „Renate" beschreven, de in Swabstedt um 1700 to Tiet vun de Hexenverfolgen speelt. Swabstedt an de Treene mit de ole St. Jacobikark, mit de schöne Landschop an de Glockenbarg, mit Moor un Holt, mit dat Hotel zur Treene, dat Fährhuus un dat Utfohrtlokal Waldlust weer beleevt för Utfohrten bi Familie Storm un veele Husumer Börgerslüüd. Ok de Novell „Zur Wald- und Wasserfreude" vun Th. Storm speelt in Swabstedt – un dat is hüüt de Binaam vun dat Hotel zur Treene – Zur Wald- und Wasserfreude.

21 *Husum um 1600 mit Marienkark vun 1507 un Slott vun 1582*

In de ole Marienkark weer en weertvulle Altorbild to sehn, wat de Historikers wohrhaftig hüüt de Snitgerschool vun Tilman Riemenschneider toreken. Dat dore Altorbild, en Triptychon, dat heet, ut dree Tafeln tosamensett, wurr denn na Swabstedt verkofft un smückt de ooldehrwöördige Swabstedter St. Jacobi-Kark, en Feldsteenkark ut de Tiet um 1165. Theodor Storm hett in sien Novellen, t. B. in de Novell „Aquis submersus", de dore Altar beschreven.

22 *De niege Marienkark vun C. F. Hansen 1835, mit de TINE vun 1902*

De hütige, veel lüttere Marienkark (Abb. 22) is 1835 in de Bustil vun de Däänsche Klassizismus vun de Architekt Christian Frederik Hansen, boren in Husum, buut wurrn, domals de bekannteste däänsche Bumeester. He hett ok vele Börgerhüüs un Karken in Kopenhagen, de Vicelln-Kark Niemünster, de Kark in Krempe, in Quickborn, in Simonsbarg un Villen in Hamborg un Altona buut, ok de Villa vun de Koopherren-Familie Reemtsma in Hamborg an de Elvchaussee. De Reemtsma-Stiften hett 2019 för de niege Orgel in unse Marienkark en bannig grote Barg Geld spendeert. De niege Orgel schall in de August 2021 in St. Marien inwieht warrn un ward buut vun de weltwiet renommeerte Orgelmanufaktur Klais ut Bonn, de ok de Orgel in de Elvphilharmonie Hamborg un in de Kölner Dom konstrueert hebbt.
En anner schöne fröhgootsche Backsteenkark ut dat Middelöller steiht in Schobüll. De is in't 18. Johrhunnert umbuut to dat Kirchlein am Meer (Abb. 23). Dor sünd poormal in't Johr Konzerte un dor wöllen vele Pore heiraden. Wenn du vun de Kark na Westen kieken deist, sühst du röver na Noordstrand. Aver noch vör 180 Johr leeg Noordstrand rund acht Kilometers wieder na Westen to, dat hett domals de Pohnshalligkoog, Morsumkoog un Noordstranner Damm noch nich geven, de Köge wurrn eerst later indiekt, de Damm na de Pohnshalligkoog wurr 1936 fardig.
Schobüll is de eenzigste Plack ohn en Noordseediek vör de Nees. De Schobüller Barg, en högere Endmorään ut de vörletzte Iestied, fallt sinnig na de Noordsee af, dorum ward keen Diek bruukt. Liekers löppt dat Water af un to mal so hooch op, dat de Straat vör de Noordstranner Damm överswemmt ward. 2017 is vör de Damm en korte niege Diek buut wurrn, de schall Wobbenbüll beschermen.

23 *De Schobüller Kark – ut dat Middelölder, um 1750 so as hüüt umbuut*

Dat Slott vun binnen un buten

Jüst na dat Johr vun dat Stadtrecht 1603 mussen de Husumers dree Pestsüken överstahn mit so veel Elend, dorna wedder grote Störmfloten as 1634 de Grote Mandränke – de denn de Uthlande noch mehr uteneenreten hett. De grote Insel Strand mit so vele Minschen, bestet Land un 25 stenern Karken gung 1634 ünner, över bleven Dele vun Pellworm un dat Hoge Moor, Noordstrannischmoor, ok mehrstendeels de hütige Inseln un teihn Halligen. Denn mussen de Husumers in de grote Krieg 1618-48 un dorna för vele Dusend Soldaten Geld, Quarteer un Eten un Drinken geven, dat weren de Schatzungen – an de Dään, de Sweed, laterhen in de Noordische Krieg ok an de Russen. Un na 1800 keem de Kosacken-Winter – de Kosacken hebbt op de Marktplatz wohrhaftig Ossen an en gewaltige Spieß braadt. Dat mit de Inquarterungen wedderhaalte sik 'n poormaal un hett Husum 'n Barg Schaden un Schullen maakt. 1721, na de Noordsche Krieg, haalte sik de Dänenkönig dat Slott vun de Gottorfers torüch as Egendom, denn de

Gottorfers harrn sik mit de Sweden gegen Däänmark verbündt. De Gottorfers bleev denn blots noch dat Slott in Sleswig un ehr Land in dat Hertogdom Holsteen, un dat wurrn se laterhen ok noch los. De däänsche König harr keen Interesse un leet dat Slott in Husum verfallen. De däänsche Rieksbumeister Möller sä denn 1748 to de König, dat Husumer Slott weer doch to schaad to afrieten. So wurr et bet 1752 in Stand sett un opwännig umbuut. De Dackstohl wurr en beten wat sieder leggt, Dele vun Slottmuer un Slottflögels wurrn ok wegnahmen, de sandstenern Finsterrahmen wurrn dör Holtrahms uttuuscht. Vun binnen kreeg allens en Umbu in de Barock-Stil, mit grote Flure un brede Treppen (Abb. 24). Hier sühst du dat Slott vör Husum in Original-Tostand um 1600 – mit de Slottgroov as en Waterslott, mit de Brüch doröver un dat wuchtige Portal ut Sandsteen, wo sik links un rechts anner Buwarken ansluten. Denn sühst du de markanten Wohrteken vun de rieke Renaissance-Architektur mit Sandsteen-Simse, mit de grote Middeltoorn un de twee Toorns in de Ecken, de lütten Toorns över de Kamine un vörn rechts sogor dat fröhere, lütte Sommerpalais för de Hertogin. Links wahnte de Hertogin, rechts de Hertog, över de Slott-Kapell. De meesten Toorns wurrn bi de grote Umbu vun 1752 afreten. Hüüt is blots noch de middelste Toorn dor, de wurr um 1980 wedder opbuut.
Dat Slott is hüüt wedder en staatsche Slott mit schöne Inrichten, Kunstwarken un Biller un is Egendom vun de Stiften Noordfreesland. De Barockgoorn is 2008 deelwies wedder restaureert wurrn, achter dat Slott, an de Oost- un Süüdsiet. Dat weer de Hertoginnengoorn vun Hertogin Maria Elisabeth. Dor steiht siet 2016 en markante Denkmaal ut veer helle, grote Steenquaders, de ut een eenzige mächtige Jurakalksteen sneden wurrn sünd. Dat Monument schall an Franziska vun Reventlow erinnern, de wurr boren 1871 as Dochter vun Landraat Graf zu Reventlow un

24 *Dat Slott vör Husum, Bujohr 1582, hier in en Tostand na 1600*

sien Fru, en borene Gräfin Rantzau. Op de veer Steenblöcke steiht de Wahlspruch vun Franziska: ALLES WILL ICH IMMER – op jede Steen aver blots enkelte Wöör: ICH ICH ALLES ICH IMMER ICH WILL. Dat Kunstwark is vun Elsbeth Arlt, en Kunstschaffende ut Husum, de 1948 bet 2015 leevt hett.

Franziska hett dat nich licht hatt. Ehr Mudder, de Landrätin, wull Franziska mit Strengde to en adelige Daam maken, Franziska weer obstinaatsch, se wull lever mit ehr Bröder un anner Jungers buten in de Slottgoorn spelen. De Gräfin hett ehr egen Dochters Will breken wullt. Dat wull sik Franziska nich gefallen laten, so steiht dat in ehr Roman „Ellen Olestjerne", de kann man as so en Oort Autobiografie lesen. Liekers Franziska so en kloke Deern weer, hett se dat op de Scholen, ok op en karkliche Internat, un in ehr Leven nich licht hatt. Se is so fröh as möóglich vun ehr Öllernhuus wegflüttet na Berlin un München, hööрte to de Künstlerszene un Bohemiens. Se hett leevt as Künstlerin, Schriftstellerin, Malerin, hett sik nich veel um ehr Ansehn un Roop kümmert,

hett keen Blatt vör de Mund nahmen, wurr sogor wegen Gotteslästern verklaagt. Se harr ehr egen Levensstil, weer en kloke, belesene, woortwendte Fru, weer veel krank, weer mehrmals verheiraat. Ehr Arvdeel vun de Öllern wurr op en Plichtdeel körtet. 1897 kreeg se ehr Söhn Rolf, hett aver de Naam vun de Vadder nich verraat. So keem se denn to ehr Binaam Skandalgräfin. Ehr Söhn weer de eenzigste düütsche Adelige, de de Soldatendeenst 1914–1918 för Kaiser un Riek aflehnt hett – dat wurr in Frankriek un England groot publizeert. „Der Geldkomplex", een vun ehr Romans, harr de Widmung: „Meinen Gläubigern zugeeignet." Dor geiht dat um de Macht vun Banken un Bankiers. Sturven is Franziska 1918 in en Krankenhuus in Locarno an de Lago Maggiore. Respekt för de dore markensweerte Fru!
Na 1721 wurr vun de Dään veel Slott-Inventar verhökert oder na Kopenhagen wegbrocht. Ut de Slottkapell de grootoordige Augsburger Silberaltar, vun en Sülversmeed ut Augsburg fabrizeert, de keem na Kopenhagen un steiht hüüt in't däänsche Natschonalmuseum. De Preußen hebbt 1919 de schönste Kamin vun Henni Heidtrieder, de Todeskampf-Kamin ut Alabaster-Marmor, na Berlin brocht, de steiht dor bet hüüt in't Bode-Museum; Husum hett aver siet 1989 en Replik vun dat Original. Westen vun't Slott steiht dat Kavaleershuus vun 1612, jüst so in Backsteen-Renaissance-Bustil. Dat weer sotoseggen dat Gästehuus för dat Slott. So en Slott schall wiesen, wo veel de Herrscher to seggen hett – dorum gifft dat en prächtige Doorhuus (Abb. 25) to dat Slott (hoochdüütsch: Torhaus zum Schloss) –, dat steiht an de Slottstraat un maakt mächtig wat her.
Du markst al op de eerste Blick: Dat Doorhuus vun 1612 is wohrhaftig en staatsche Buwark. Nich blots eenfache Backsteen oder Treppengävels, nee – hier hett sich de Steensnitger Henni Heidtrieder bannig Möögde geven mit de florale Ornamentik ut Sandsteen

an Gävel, Siedenfronten un op de Rüchsiet. De florale Steensnitgerie nennt sik Floris- oder Volutenarchitektur un is dat beste, wat geiht. De dree Statuen över dat Portal sünd de griechischen Göttinnen Hera (Fru vun Zeus), Athene (Schutzgöttin vun Athen un Göttin vun de Wiesheit) un Aphrodite (Göttin vun de Schönheit). Dor wahr di weg, so wat Schönes in Husum, dor schallst di wunnern! De dore Henni Heidtrieder weer domals en vun de besten Steensnitgers, de hett in't Slott denn ok de Marmor- un Sandsteen-Kamine maakt: de Fortuna-Kamin, de Todeskampf-Kamin, de Triumph-Kamin un mehr – tosamen acht Kamine, vun de noch fief dor sünd. Abb. 26 wiest dat Slott hüüt. För de Hanse- un Rieksstadt Hamborg hett Heidtrieder domals ok dat (hoochdüütsch) Dammtor as Sandsteen-Stadtdoor maakt. Dat is weg, an de Stääd steiht hüüt de Dammtor-Bahnhoff.

25 *Dat Doorhuus vun't Slott vör Husum vun 1612 – restaureert 2016*

Binnen in't Slott ward lopend restaureert un renoveert – an ole Muerwark is jümmerto wat to maken. In de letzten Johren sünd all de Holtfinstern nie insett; denn kreeg dat riesige Dack niege swarte Pannen, denn wurr de Barockgoorn achtert Slott rundum restaureert un in de Barock-Tostand torüchversett – in't Fröhjohr un Sommer mit all de Rosen un Blomen is dat so schöön. Un de Slottgroov ward nutzt vun de Angelsportvereen Husum; dor sünd vele lütte Karauschen in – af un to haalt sik de Fischreiher een rut. Un an de Kant wassen grote Pulken vun seltene Japaansche Waterlilien un swimmen Blesshöhner, Aanten, Möwen. Överall denn Hunnerte vun Kreihn, de sik dor ok wohlföhlen un düchtig krakelen. De Sandsteen-Soot (hoochdüütsch: Brunnen) – links vör de fröhere Kökenflögel – is restaureert, de hett ok Henni Heidtrieder maakt för de Slottkööк un för Hertogin Augusta, de je in de linke Flögel resideert hett. Se weer je wull en richtige Leckermuul. To de Festbanketten, de se geern geven hett, wurrn jedet Mal 18 Gänge serveert – tweemaal op de Dag, so veel kannst du doch gor nich eten. In de linke Flögel, de ole Kööк, is hüüt dat best restaureerte Slottcafé, dor sittst du in de Gewölbe vun 1612 in en wohrhaftige Slott. Dat is een vun de schönsten Cafés in Husum, gifft sülvs backte Koken un Torten, ok lütte Imbisse un Fröhstücksbüffet.

26 *Slott vör Husum hüüt*

Husum as wichtige Hannelsstadt – Veehmarkt, Ossenhannel, Möhlen

Ünner de Husumer Flagg lepen vör 1800 bet to 70 Scheep mit Hannel na Holland, Oost- un Westfreesland, Flandern, Brabant, England. Sogor in de Karibik na de däänschen Jungferninseln to Zuckerrohr-Transport na Husum un denn na Flensborg mit sien Rumfabriken. Op de Jungferninseln wurr Zuckerrohr vun Sklaven afsneden – ok de Husumer Koopmannsfamilie Woldsen weer dor an bedeligt un harr tietwies in Husum en Zuckerfabrik. Dat geev ok Fischerie, un denn siet 1660 en Schippswarft. Husum harr rieke Kooplüüd un Koopherren as Woldsen, Feddersen, Asmussen un weer de gröttste Stadt an de Westküst. Dat keem toeerst vun de Veeh- un vun de Getreidehannel, wichtig weer aver ok Melkweertschop. Hüüt weten wi gar nich mehr, dat t. B. op Noordstrand un Eiderstedt de Melkweertschop floreerte. Stell di vör, dor wurrn fröher Teihndusende, Hunnertdusende Pund Kees un Bodder op de grote Buernhöve produzeert, de nennten sik Holländerie, bedreven vun inwannerte Holländers. Dat wurr exporteert bet na Frankriek, steiht in de domaligen Toll-Listen. Husum harr siet rund 1460 en Veehmarkt, Peer- un Veehhannel bet na Holland, Flandern, Brabant, Oost- un Westfreesland. Husum harr bet to 70 Bruerien, Malterien, Wind- un Watermöhlen. Dree Möhlen geev dat in Dreemöhlen (Abb. 27). De gröttste weer de Graupenmöhl vun 1748, vun de noch dat Möllerhuus in Rokoko-Stil steiht. Dor schall bald dat niege Hotel Alte Graupenmühle buut warrn. An de Möhlendamm steiht noch de mächtige Watermöhl, de wurr andreven vun Water ut de Möhlendiek, an de opstaute Möhlenau oder Husumer Au.

Du kannst hier sehn, wodennig dat domals utsehn hett – mit blöhende Heideland un wiede Horizont. Hüüt löppt dor de Husumer B5 un Umgangsstraat, denn de brede Oostenfeller Straat, allens

26 *Dreemöhlen, Gemälde vun Richard von Hagn*

mit Struckwark un Bööm dichtwussen – vun dat ansehnliche Möllerhuus, wat nableven is, kannst du vun de Oostenfeller Straat binah nix mehr sehn. Dreemöhlen is al lang en Stadtdeel vun Husum wurrn.

Jüst dorachter liggt dat grote Dörp Mildstedt, wat sik mehr un mehr utbreden deit – alle Johr wiesen de Mildstedters en niege, grote Stück as Buland ut. Mildstedt hett an de 4000 Inwahners, dorünner sünd wegen de niege Wahnviertels vele junge Familien. Un Mildstedt hett en vörbildliche, schöne Naturverhalensrebeet – Naturerlebnisraum Mildstedter Tannen. Dat sünd de olen Mildstedter Dannen un veel wiede Grasland langs de Husumer Au. De Au is renatureert, löppt wedder as en Natur-Au mit Sump- un

Kruutkanten Richten Noordsee. Dat dore Rebeet to Verhalen vun de Stadtlüüd un Naturfrünnen is al siet Johren mit EU-Fördermiddel mit en Nett vun Spazeerwege, Wannerwege, Sittbänke, lütte Waterdieken, Utsichtsplattform un Speelplätze opwändig verschönert wurrn. Dor föhlst di in de Natur allibest – de Mildstedters, de doon wat!

28 *Husumer Veehmarkt – hier um 1955*

De Husumer Veehmarkt (Abb. 28) weer vör de Eerste Weltkrieg een vun de wichtigsten, tiedwies de wichtigste vun Düütschland, un de modernste – dorför hett de Börgermeester Gurlitt sorgt. Teihndusende Ossen wurrn to de Fröhjohr- un Harvstmarkt dör Husum dreven na de Veehmarkt op de Niestadt, op de Ossenkamp.

Anfungen hett dat al vör 1460 op de Quickmarkt, wo nu op de Niestadt de Opfahrt na dat Inkoops-Zentrum THEO is, un denn later in de Brede Straat – hüüt de Grootstraat – merrn in de Stadt. Achter de Niestadt kunnen in vele Stallungen um 1900 toletzt över 6000 Stück Veeh – Ossen un tosätzlich ok Peer – opstallt un fastbunnen warrn. De Niestadt weer de Straat för de Veehhändlers vun överall her, vull mit Schenkweertschops un Kröög mit Logis. Anfungen hett dat vör över 650 Johr mit däänsche Magerveeh, wat vun Jütland op en Nettwark vun Ossenweeg (däänsch Hærvejen) vun Viborg un Randers, sogar vun de Limfjord, na Süden dreven wurr. An de westen Ossenweg legen Tondern, Leck, Niebüll, Bredstedt – un Husum. Vun hier wurr dat Veeh ok vun de Strand, vun Eiderstedt un deels vun Noorder-Dithmarschen dreven na de Husumer Veehmarkt. Dor wurr dat däänsche Magerveeh in't Fröhjohr op de Magerveehmarkt to Verkoop opstellt un vun de Köpers in de Fettgräsung geven, denn wussen de Ossen op de grönen Maschen to Fettossen ran un wurrn to Harvst wedder mit grote Profit op de Fettveehmarkt verkofft. Husum is dormit en Bispill för en Veredelungs-Weertschop – ut magere Beesten warrn blots mit gröne Gras de besten Ossen mit bet to 20 Zentner. Husumer Ossen wurrn lang in ganz Düütschland as de besten ansehn. In't 19. Johrhunnert weer denn för rund 40 Johr unse Naverstadt Tönning de wichtigste Haven för Veehexport mit Scheep na England röver. 1888 stoppten de Englänners de Veehhannel vun Tönning un Sleswig-Holsteen, aver denn wurrn anner Afnehmers in't Ruhrgebiet un in't Süden funnen un dat Veeh per Iesenbahn transporteert, de jüst 1888 ferdig weer. Dat brochte en grote Opswung. 1894 geev dat de eerste Utstellen för Weidefettveeh. De Husumer Fettveehmarkt wurr jümmers grötter, bet to 80000 Stück Veeh in't Spitzenjohr 1912. En Afswung keem 1915–1934 mit Krieg, Inflatschoon, de Versailler Verdrag, as dat de Buern slecht gung

wegen de Reparatschoons-Leverungen an't Utland, un in de Weltweertschopskries um 1930.
Na de Twete Weltkrieg gung dat al 1949 wedder richtig los mit de Husumer Veehmarkt. Dor wurr de utrangeerte Flegerhangar vun de Swesinger Flugplatz afbuut un op de Kamp, jüst an de Watertoorn vun 1902, wedder opbuut. Dor weren denn buten un binnen ünner Dack de groten Veehmärkte. De Husumer Veehmarkt weer en Grootveehmarkt, tosamen mit Hamborg de wichtigste in Noorddüütschland. Hier wurrn wedder jedet Johr över 25 000 Stück Veeh vermarktet. Ut ganz Düütschland kemen de Veehhändlers. Jede Marktdag wurrn in't Radio de niesten Priese dörchgeven: „Und hier die neuesten Preisnotierungen vom Viehmarkt Husum mit den Auftriebszahlen." Veehhändlers weren achtbore Lüüd, deelwies mit lange Familientraditschoon, as de Familie Harring ut Husum, de bet um 1800 Veeh to Foot na de Hansestadt Lübeck levert hebbt.

29 *Huus vun de Veehhändler Christian Jacobsen in de Parkstraat*

Un stell di vör: Över de Haven Tönning sünd vun 1844, dor gung dat richtig los mit de Export na England, bet na 1888 – du glöövst dat nich – rund een Million Stück Veeh exporteert wurrn. Mehrmals de Week fohrten däänsche un engelsche Scheep mit Veeh hen na London un torüch, af 1872 ok mit de niege Tönninger Dampfschifffahrtsgesellschaft. Domals geev dat tomindst 30 Veehhändlers, Harring, Carstensen, Loy usw., ok noch de Veehhändlers Thomsen un Jacobsen ut Husum (Abb. 29), vun de du sien Namensschild an't Huus in de Parkstraat sehn kannst, en schöne Huus jüst an de grote Veehmarkt. Husum kreeg för de Veehmarkt 1963 sogar de eerste Verkehrsampel. Un wenn dat Veeh na de Noordbahnhoff afdreven wurr, mussten de Autofahrers bi Rot lang töven. 1971 weer dat denn vörbi. De Veehmarkt wurr dichtmaakt, dorför geev dat de grote Slachthoff, de höört hüüt de däänsche Levensmiddel-Grootkonzern Danish Crown.

De Slottgang un de Husumer Herrenhuus-Beerbruerie

De ole Herrenhuus-Bruerie is vun Theodor Storm verewigt wurrn in sien Novell „Im Brauerhause", dor geiht dat um Mobbing twischen twee Beerbruerfamilien. De ene streut dat slimme Gerücht ut, dat in de anner Bruerie – de Herrenhuus-Bruerie is sachts meent – en afsnedene Dumen in de Suudketel funnen wurrn is. Wat passeert? Keenneen kofft mehr dat Beer, de Bruerie maakt Pleite.
Twischen dat Slott vör Husum un de Marktplatz löppt al siet de Tiet, as an de dore Stääd vun dat Slott noch en Franziskaner-Kloster stahn hett, de Slottgang, de toeerst anners heten hett. De Franziskaner-Mönche, de heten Graue Bröder, harrn sik twischen Kloster un Markt en Weg utbedungen, dör de se denn gau na de Marktplatz henkamen kunnen. De Slottgang is vör rund 40 Johr schöön restaureert wurrn, as Footweg mit vele lütte un smucke Geschäfte. En Stück de Slottgang rop sühst du an de Wand en gewaltig grote Roggen-Möhlsteen vun Dreemöhlen stahn (Abb. 30), de erinnert an Husums grote Tiet: Du warrst dat kuum glöven, avers dat stimmt – Husum harr över 70 Windmöhlen, Watermöhlen, Bruerien, Brennerien un Malterien. Nadem de Herrenhuus-Bruerie vun 1770 de Poorten dichtmaakt harr, dat weer um un bi 1970, weren eerstmal vele unansehnliche Buwarken dor. In

en grote Renoverungsaktschoon wurr denn de Slottgang in de hütige Tostand torecht buut: En Rest vun de Herrenhuus-Bruerie keem ünner Denkmalschutz, denn de schöne Alte Brauereiplatz, mit de Slottbookhandlung, en Noordfreesche Teehuus un en nette Café, dat Jacquelines Café. Denn mit vele niege twee- un dreestöckige Wohnhüüs un Balkone. Nagelnie, aver mit dat Utsehn vun en ole Börgerstraat, un allens as reine Footgängerstraat mit Plaaster un vele lütte Koopladens – dat süht richtig smuck ut, kiek di dat an, du warrst dor geern dörchlopen, di an de Alte Brauereiplatz umkieken, en Tee oder Koffie drinken un di wat Schönes kopen.

30 *En Roggenmöhlsteen vun 1740 ut Dreemöhlen in de Slottgang*

De Architekt för de Slottgang weer de bekannte Husumer Architekt Jochem Feddersen. Bet um 1970 – kiek wieder baven – weer dor an de Oostsied vun de Slottgang de grote Beerbruerie Herrenhaus Pils – Husumer Bier. De weer al veel fröher na dat Herrenhuus an de Markt benöömt un hett siet 1895 de Familie

Clausen Fuglsang höört – de Fuglsangs sitten jümmers noch in Däänmark un sünd Egendömers vun Carlsberg-Beer. De „Herrenhaus Pils Bierbrauerei" stunn domals achter dat Herrenhuus un wurr 1770 gründt as Bruunbeerbruerie vun de Bruer Homann. Op de halve Slottgang kannst du dat Stratenschild Alter Brauereiplatz sehn, dat is en Platz, wo fröher de Beerkutschen dreihen kunnen un de swaren Beerfööt dör en grote Luuk in de wietleftigen Bruerie-Gewölbe hendalbrocht wurrn. Lieköver vun dat Café sühst du över en Portal en halve Kupperdeckel vun en grote Suudketel in de Wand (Abb. 31). Dat is en Symbol för de fröhere Herrenhuus Bruerie. Dor is hüüt de Kulturkeller. Op de olen stenern Treppen stiggst du dal in wietleftige Bruerie-Gewölbe. Över 50 Meters ünner de Oostsiet vun de Slottgang langs sünd ünnerkellert un stahn ünner Denkmalschutz, un en Deel vun de ole Bruerie is ok noch en Stück wieder to sehn, dor sühst du in de Wand 'n poor grote gröne Holtluken, wo fröher t. B. Hoppen un Malt rinkeem. Dorachter liggt, verstaken achter hoge Muern, de historsche Goorn vun dat Herrenhuus. Vun dor löppst du fief Meters ole Steentreppen dal in de historsche Herrenhuuskeller, wo de Bruerielüüd vun de fröhere Herrenhuus-Bruerie eenmal in't Johr an grote Ekenholtdischen tosamenkamen un fiern mang ole Beerföten, versorgt warrn se vun de Raatskeller. Lieköver in de Slottgang wahnt dat Ehepoor Johannsen. Herr Johannsen is een vun de letzten Beerfohrers un passt nu as Rentner op de historsche Herrenhuuskeller un de smucke Goorn op. He weet doröver bannig goot Bescheed un kann dat best verklaren. Worum wurr fröher so veel mehr Beer drunken? Dat Beer weer billig, harr man wenig Alkohol, dat hebbt sogar Kinner drinken kunnt, un weer na dat düütsche Reinheitsgebot bruut. Du kunnst Beer ohn Angst drinken, dat du dorvun krank wurrst – villicht blots duun.

31 *Slottgang: de Kupperdeckel vun en Suudketel ut de Husumer Bruerie*

Husums beröhmte Döchters un Söhns

Husums Söhns, dat weren t. B. de Holtsnitger Hans Brüggemann, Dichter Theodor Storm, Soziologie-Professer Ferdinand Tönnies, Bildhauer Adolf Brütt, de Diamantenkoopmann Ludwig Nissen, de Husum so veel stift hett. Noch en Husumer beröhmte Söhn: Husum wurr mit Hermann Tast un anner Reformatoren 1527 evangeelsch; he weer kathoolsche Preester un leep denn över to de Lutheraner. 1527 hett he de erste Husumer Gelehrtenschool (Abb. 32) gründt, wo de Husumer Jungers ut de bövere Börgerschicht un ut ansehne Familien Latiensch un Greeksch lehrt hebbt. Husumer Kooplüüd un Handwarksmeesters schickten de Söhns eerstmal bet to de Konfirmatschoon op de Gelehrtenschool, bet se denn tohuus in de Bedriev de Utbilden maken un laterhen in de Footstappen vun de Vadder pedden kunnen. So is dat ok in Theodor Storms Novell „Böttjer Basch" to lesen, de in Husums Süderstraat bi de Gelehrtenschool speelt. De ole Gelehrtenschool stunn achter de Marienkark un wurr na de Dänentied 1865 afreten, weer bufällig un to lütt. De Husumers kregen en niege Gelehrtenschool de Süderstraat dal op de anner Siet, dat weer dat Königlich Preußische Gymnasium, later de Hermann-Tast-School vun 1867, en Geschenk vun de Preußen, de sik dormit beleevt maken wullen. De dore School wurr denn um 1968 to lütt. En niege, grote Hermann-Tast-School wurr 1971 achter de Bahnhoff an de Harmsen-Kuppel buut, mit veel mehr Klassenrüüm as vörher, mit grote Sportplätze un later mit en niege, opwännig afsekerte Buwark för de bannig weertvulle ole Bibliotheek, en vun de öllsten ut de Tiet 16. bet 19. Johrhunnert. Dorför hett en fröhere Schöler de Hermann-Tast-School rund 1 Million DM spendeert. De ole School weer af 1971 kort Realschool Süd, de kreeg en poor Johr later en Niebu, de Ferdinand-Tönnies-School. De Gelehrtenschool stunn leddig un wurr deelwies demoleert – de weertvullen bunten Glasfinsters vun de Aula wurrn vun Rowdies insmeten. Denn hett en rieke Hamborger Hotelier dat Buwark kofft un dor dat Fief-Sterne-Hotel Altes Gymnasium vun maakt. Dat weer Max Böttcher, de sien Vadder weer um 1910 Lehrer an de Gelehrtenschool. Dat is as Hotel en Smuckstück wurrn – de Turnhall t. B. wurr en grote Rezeptschoon mit vele Exponate ut de ehrwöördige Gelehrtenschool. Kiek dor mol rin, du warrst di wunnern. Ut de niege Turnhall vun 1955 wurr en Spa buut, mit Swemmbad, Sauna un Mosaiken as bi de Römers – mit Hülp vun italjeensche Mosaiklegers.

En renommeerte Gehirnforscher weer Oskar Vogt, boren in de Süderstraat, en Neurologie-Professor. He hett 1925 as eenzigste Neuroloog dat Gehirn vun Lenin ünnersöcht un sezeert – in Moskau! De Nazis hebbt gegen em stänkert.

As Malers un Litografen bekannt wurrn Richard von Hagn, Albert Johannsen un Ingwer Paulsen ut Halebüll – de ehr Biller hangen in't Nissenhuus.

32 Gelehrtenschool – maalt v. Friedrich Laubengeiger, Kunstlehrer

Husums Fruuns sünd t. B. Franziska zu Reventlow, boren 1871 in't Slott, Dochter vun Landraat Graf zu Reventlow. Se leevte as Künstlerin in Berlin un München, hett sik as Gräfin nich um de domalige Etikette kümmert, harr en Söhn, vun de se de Vadder nich nennt hett, un kreeg vun de Zeitungen de Binaam Skandalgräfin. Aver se hett dorför sorgt, dat ehr eenzigste Söhn de Militärdeenst to de Erste Weltkrieg verweigert hett. Dormit wurr he op Slag beröhmt in Frankriek un England – muss aver na de Schweiz in't Exil gahn un keem na 1918 na München.

Ok Margarethe Böhme is weltbekannt wurrn mit vele sozialkritische Romans, so as „Tagebuch einer Verlorenen" – dat wurr in de 1920er-Johren in Millionenoplaag verkofft un as „Diary of a lost girl" verfilmt.

Um Husums Deerns verdeent maakt hett sik toeerst Sophie Jacobsen, verewigt in de Granitsockel an de Tine op de Markt. Se hett sik um betere Schoolünnerricht för Deerns kümmert un en Deernsschool gründt. Dat wurr later dat Theodor-Storm-Lyzeum. De Hermann-Tast-School weer blots för Jungers, dor geev dat fröher, as de Schriever vun dit Book dor to School gung, man twee Fruuns, de Sekretäärsche un de Fru vun de Huusmeester.

33 *Graffsteen 1868 Anna Catharina Asmussen – St. Jürgens-Karkhoff*

34 *Wahnhuus 1846 – 1852 vun Familie Constanze u. Theodor Storm*

35 *Oostenfeller Huus – Frieluftmuseum vun 1899 bi de Woldsen-Stift*

Gasthaus zum Ritter Sankt Jürgen un noch mehr ooldehrwöördige Hüüs

In't Osterend de St. Jürgens-Kark is de tweetöllste evangeelsche Karken-Niebu na de Reformatschoon in Düütschland. De Kark is inföögt in dat ehrwürdige St. Jürgens-Hospital, Gasthaus zum Ritter Sankt Jürgen, wat al vör 1500 vun de Hertöge stiftet wurrn is. Hüüt is dat en Hospital, dat heet, en Seniorenstift för Husumer Fruuns- un Mannslüüd. In Husum seggt man Kloster, dor sünd na de Reformatschoon de Franziskanermönche för en korte Tied ünnerkropen. Se wurrn 1530 ut dat Franziskaner-Kloster, Vörgängerbu vun dat Slott, verdreven un mussen sehn, wo se ünnerkemen. Dat Gasthaus zum Ritter St. Jürgen ward siet Johrhunnerte ehrenamtlich vun en Leidsmann föhrt, de Spiesenmeester, dat is de Klostervörsteher, tosammen mit sien Fru, un mit en Reeg Hölpers un Hölperschen, de so en grote Seniorenhuus oprecht holen. To de Traditschoon hören ok de Klosterhexen to, dat sünd süss tugendhafte Jungfruuns, beter seggt Jungdeerns. Disse Traditschoon ward siet Johrhunnerte in Husum pleegt.

To de Sehenswürdigkeiten – meest sünd dat Hüüs – tellt ok dat Woldsen-Huus vun Theodor Storm sien Grootöllern in de Holle Gaat (Abb. 63), denn noch dat Huus vun Th. Storm un sien Fru Constanze op de Niestadt 56 (Abb. 34). Ok dat Huus in de Waterreeg hööört dorto, wo Theodor Storm mit sien tweete Fru Dorothea, geb. Jensen, 1866–1880 in wahnt hett, hüüt dat Theodor-Storm-Museum. Vun 1864 bet 1866 hett Storm mit sien eerste Fru Constanze ok korte Tiet in de Süderstraat in en Patrizierhuus wahnt, teemlich lieköver vun dat Geboortshuus vun Hermann Tast, dat tellt ok to de Husumer Hüüs ünner Denkmalschutz.

36 *Gasthaus zum Ritter St. Jürgen – mit dat Woldsen-Storm-Familengraff vörn. De St. Jürgens-Kark is de eerste witte Deel; achtern is en moderne Anbu.*

Dat Storm-Huus in de Waterreeg wurr buut vör 1472 as Koopmannshuus, mit grote Kellers un Dackspieker, opwännig umbuut 1730 in de Rokoko-Tiet.

In dat anner Huus in de Süderstraat hett Storm as Landvaagt af 1864 mit sien eerste Fru Constanze wahnt. Se sturv 1865 kort na de Geboort vun ehr sövente Kind an Kindbettfever, un Theodor weer op eenmal Witmann mit söven Kinner. He hett 1866 Dorothea Jensen heiraat, en Fründin vun Constanze. Se trucken um in de Waterreeg, wo se bet 1880 wahnten. In de Süderstraat en Stück na Oosten is de ole Schüttenhoff, buut vun Hertog Adolf as Huus för de Schüttengill, kiek in Theodor Storm sien Novell „Pole Poppenspäler", dor kummt de Schüttenhoff in vör. Sehnsweert is ok dat Huus Niestadt 56, wo Storm sien Novell „Immensee" schreven un vun 1846 bet 1853 in wahnt hett (Abb. 34), dat Slott vör Husum vun 1582, dat Kavaleershuus un dat Torhaus zum Schloss vun 1612 dorvör an de Slottstraat (Abb. 25).

Denn is ok wichtig de Slottgoorn, de weer in't 17. Johrhunnert en vun de teihn schönsten Barock-Slottgoorns in't Noorden, blots de Sleswiger Barockgoorn vun't Slott Gottorp weer noch beröhmter. Denn hebbt wi in't Oosterend dat Kloster – Gasthaus zum Ritter Sankt Jürgen, en Seniorenstift, un de St. Jürgens-Kark mit de Familien-Gruft vun Woldsen/Storm. En Stück wieder lang na de Stadt to liggt dat Scharprichterhuus. Dor hett de Scharprichter-Familie Möller 200 Johr lang in wahnt – mit Folterkeller, de aver hüüt nich mehr bruukt ward, wat'n Glück. Dat Scharprichterhuus steiht ok ünner Denkmalschutz. Denn gifft dat ok noch de Tine op de Markt, de erinnert an Catharina Asmussen un August Friedrich Woldsen, de beid keen Kinner harrn un 1859 de Rode Haubarg mit veel Maschenland un en grote Geldsumm an de Stadt Husum stift hebbt. Theodor Storms Vadder, de Rechtsanwalt un Afkaat Johann Casimir Storm, hett 1859 disse Asmussen-Woldsen-Stiften juristisch regelt, he keem je sotoseggen ut de Familie, he weer mit Lucie Woldsen verheiraat. 1902 wurr to dat 300-johrige Stadtjubiläum op de Markt de Asmussen-Woldsen-Gedächtnisbrunnen opstellt, de Husumers seggen dorto Tine, dat is de Kortform vun Catharina. An de Plack hett bet 1807 de riesige, tiedwies över 100 Meter hoge Toorn vun de ole Marienkark stahn. Utdacht hett sik de Tine ut Granitsteen de beröhmte Bildhauer Adolf Brütt, boren 1855 in Husum. De hett ok 1898 dat Storm-Denkmal in de Slottgoorn buut (Abb. 37), as Storm teihn Johr doot weer. Rundum de veerteihn Bööm sünd denn ok plantet wurrn – as lütte Bööm, nu kannst du mol sehn, wo groot de Bööm sietdem wussen sünd. Adolf Brütt hett Storm nich kennt, hett blots en Fotografie as Vörlaag hatt. De Familie Storm weer en vun de eersten, de oft na de Fotografen lopen sünd, gifft vele Billers ok al ut de Tiet um 1845, as de Fotografie, de hett noch Daguerrotypie heten, jüst richtig in de Gang keem.

37 *Theodor-Storm-Denkmal 1898 vun de Husumer Bildhauer Adolf Brütt*

Adolf Brütt harr en egen Bildhauerschool in Dresden, he hett ok dat Theodor-Mommsen-Denkmal in de Berliner Humboldt-Universität un annere in Berlin, Flensborg, Kiel in Opdrag kregen.

Ankieken kannst du di ok de ole Zingel-Slüüs an de Husumer Au, eerste Slüüs ut dat 15. Johrhunnert, nie buut 1858 in de Dänentied vun König Frederik VII. Ut de Dänentied stammt ok dat1848 konstrueerte Trockendock in de Dockkoog, wohrhaftig as dat öllste Trockendock vun de Welt – in Husum an de Waterkant. Denn musst du di ankieken dat grote Noordfreesland Museum Nissenhuus, en Stiften vun Ludwig Nissen un 1937 inwieht (Abb. 49). Nich to vergeten: Husum hett dat eerste Frielichtmuseum vun Düütschland, dat is dat Oostenfeller Huus vun um 1570 (Abb. 35). Dat wullen de Dänen de letzte Oostenfeller Besitterin, Fru Heldt, afkopen för dat eerste däänsche Frielichtmuseum Lyngby in Kopenhagen. Aver de Husumer Magnus Voß, en Lehrer an de Gelehrtenschool, hett dat Huus de Dänen vör de Nees wegsnappt. Et wurr in Oostenfeld uteneenbuut un 1898/99 mit Geld ut de Asmussen-Woldsen-Stiften op de Goorngrund vun August Friedrich Woldsen wedder opbuut. Dat wurr jüst 2016 opwännig renoveert, kreeg en niege Reetdack, deelwies niege Ekenstännerwark (hoochdüütsch: Eichenständerwerk) – un niege Tegelsteen-Footborrn. En wunnerbore Bispill för en Neddersassenhuus (Niedersächsisches Fachhallenhaus) mit sien Stännerwark ut rund 50 Ekenbööm. Dor sühst du veel över dat Leven un Wahnen un de Arbeitswelt vun Buern twischen 1570 un rund 1850, so as de opene Füürstääd, Alkoven, Oostenfeller Stöhl mit Binsenflechtwark un Warktüüch för domalige Buern. Gah rin, gifft veel to sehn över de Levens- un Arbeitswelt fröher, kannst ok noch wat tolehren.
Bi dat Oostenfeller Huus kannst du op beide Sieden en Buerngorn sehn – mit lütte Buchsboomtuuns un vele, deels seltene Blomen un Heelkrüder, all enkelt mit Naamsschiller, ok mit ole Appelbööm. Lieköver op de Westsied liggt en anner, markante Huus, dat is dat Witwenstift vun 1866 (Abb. 38).
Dat is en staatsche Fresenhuus mit Reetdack, dat ok 2015 akkerat renoveert wurrn is – alleen dat Dack för 260 000 Euro.

38 *Witwenstift – Oostansicht – Stiften vun August Friedrich Woldsen 1866*

Dat dore Huus weer för 'n poor Johr en „Kurzzeitpflege“, dor kunnen kranke Minschen för en korte Tiet pleegt warrn. Denn keem dor en Hospizverwalten rin. Dat Huus steiht hüüt ok ünner Denkmalschutz, ward bewohnt nich mehr vun Witwen, aver vun junge Lüüd, de bi't Theodor-Schäfer-Wark arbeiden oder utbildt warrn. Dat Huus stunn dor al siet so um 1740 – as Hoff vun Familie Woldsen jüst bi de domalige grote Woldsen-Goorn, de wi ut de Storm-Novell „Die Söhne des Senators“ kennen. Achtern in't Book (Abb. 67) is noch en annere Buurnhoff to sehn, de Harringhoff in Osterhusum vun 1754, dat is de ole Hardesvaagthoff. Denn hett A. F. Woldsen 1866 de Woldsenhoff to dat Woldsenstift umbuen laten un de Stadt Husum stift. August Friedrich Woldsen weer en rieke Unkel vun Theodor Storm. De dore A. F. Woldsen un sien Kusine, Catharina Asmussen (Abb. 33), hebbt 1859 jem ehr Heimatstadt Husum en Barg Geld stiftet –

dat is de Asmussen-Woldsen-Stiften, wo ok de Rode Haubarg op Eiderstedt in de Gemeende Witzwoort tohöörn deit. De dore Rode Haubarg ward jümmers in ansehnliche Tostand bewohrt, is al veele Johrteihnte en prächtige Gasthuus un Restaurant mit utbute Landweertschopsmuseum in de Haubarg-Loodeel, de heet Gulf, mit en gewaltige Stännerwark, un hett ok jüst vör'n poor Johr en niege Reetdack vun Geld vun de Stiften Noordfreesland un öffentliche Toschüsse kregen – hett 600 000 Euro kost. Dat is een vun de schönsten Haubargen in Noordfreesland. Anner smucke Haubargen sünd t. B. de Staatshoff in Tetenbüll, de Pastoraatshaubarg Poppenbüll, de Honnens-Haubarg in Seeth, Hamkenshof Warmhörn, Haubarg Trindamm – fohr hen, kieken kost nix, gifft so veel Schönes to sehn.

Bahnhöve, Banken, Börgerhüüs

Husum hett ut de dore Tiet en eerste Bahnhoff vun 1854, de heet in de Volksmund Engelsche (Englische) Bahnhoff (Abb. 39) un liggt verstaken westen achter de grote Maschenbahnhoff, lieköver vun dat Polizeistatschoon. De wurr buut in Opdrag vun Däänmark vun en engelsche Buherr för Veehtransport na Tönning un för de Import vun Steenköhlen an de Bahnlinie Tönning–Flensborg över Husum. Domals en technische Sensatschoon un wichtig för Husums Veehmarkt. Dormit weer de Tiet vun de Veehdriften to Foot vun Jütland na Süden vörbi.

De Maschenbahnhoff wurr erst 1912 fardig buut för de Bahnlinie vun Hamborg na Tondern, laterhen af 1927 över de Hindenburg-Damm na Sylt. Dat is hüüt de Husumer Bahnhoff.

Dorto höört ok de Noordbahnhoff/Güterbahnhoff, wo bet um 1970 vele Teihndusend Ossen mit Gütertöge verfrachtet wurrn sünd (Abb. 40, Deelansicht). De Bahnhoff wurr as Güterbahnhoff stillleggt, bald nadem de Maschenbahnhoff 1912 de Bedriev opnahmen harr, bleev aver de Verlaadbahnhoff för dat Veeh vun de Veehmarkt. Wenn du ut de Stadt de Noordbahnhoffstraat dalfohrst, sühst du em liek vör di, is in de letzten Johren ok mit veel Geld – de Husumers snacken vun 650 000 Euro – vun de

39 *Engelsche Bahnhoff 1854*

40 *Noordbahnhoff*

Deutschen Bahn restaureert wurrn, dor sitt deels de Verwalten vun de Bahn bin.
Denn liggt op de Niestadt de fröhere Sleswig-Holsteensche Westbank (Abb. 41). Dor um de Eck löppt en lütte Weg na de Westkarkhoff (Westfriedhof) vun 1572, wo vele bekannte Husumers liggen, as de Öllern vun Theodor Storm un de bekannte Börgermeester Emanuel Gurlitt. De hett dorför sorgt, dat Husum de niege, moderne Veehmarkt op de Kamp kreeg. Um 1900 weer dat de modernste Veehmarkt in Düütschland mit över 6000 Stellplätze, mit iesern Anbinnen un Steenfliesen wegen de Hygiene bi all de Schiet, wat denn beter reinmaakt warrn kunn. Domals geev dat noch slimme Veehsüken, as de Muul- un Klauensüük, vör de de Buern bannig bang weren. Süken kunnen de Veehhannel to'n Stillstand bringen. Gurlitt wurr de swaarste Börgermeester Düütschlands nöömt – un he hett jüst so veel Goodes daan för Husum. In sien Tiet full 1888 – wegen de Muul- un Klauensüük in Düütschland – dat Enn vun de Veehexport ut Tönning na England mit Scheep vun engelsche Reeders un vun de Tönninger Schippfohrtssellschop. Dat Johr 1888 weer en harte Insnitt, aver denn weren bald niege Märkte för dat noordfreesche Rindveeh funnen, de niege Maschenbahn vun Husum na Hamborg wurr fardig, bet hen na dat Ruhr- un Rhein-Main-Rebeet, wo vele Minschen mit de Reichsbahn mit Fleesch versorgt warrn mussen – Fleesch ut Noordfreesland – över de Noordbahnhoff na Hamborg un denn na Süden bet hen na de Schweiz. Op de Niestadt stunn bet 1914 de gröttste Bank vun Düütschland för de Veehhannel, de Sleswig-Holsteensche Westbank. Dor lepen to Veehmarktdaag sachts Teihndusende däänsche Rigsdaler, Speciesdaler un Reichsmark över de Tresen. Dat is hüüt dat Theodor Storm Hotel mit Husumer Bruhuus, een Veer-Steerns-Hotel vun de Best Western-Hotelkeed.

41 *Sleswig-Holsteensche Westbank – hüüt dat Theodor Storm Hotel*

Kiek op dat grote Sleswig-Holsteen-Wappen över dat Portal un de Fresenkogge in de Gävel, doröver de Sünn över unse Freesland un de römische Windgott Äolus. Wo heet dat in en freesche Rummelpott-Leed: Kummt en Schipp vun Holland an, bringt uns moien Wind!

Moi, dat heet schöön, dorum seggen wi Moin – dat heet Moien Dag. De Bank kreeg um 1900 en gröttere Bankhuus op de Zingel – dat is hüüt dat Schippfohrtsmuseum (Abb. 42), wat uns de Familie Cohrs senior, de Inhaber vun dat Textilkoophuus C. J. Schmidt, stiftet hett. In dat Schippfohrtsmuseum sünd bannig vele Sammeln to de Themen Seilscheep, Dampscheep, Fischerie, Wal- un Robbenfang, Kriegsmarine, Haven, Tünnen- un Baken utstellt – so wat gifft dat nich oft in Düütschland, besöök dat, warrst di wunnern. In en grote Extra-Hall achter dat Museum liggt en Original holten Koorn-Frachtschipp ut dat 17. Johrhunnert, wat mit grote Opwand na dat Utgraven eerstmal in Zuckerwater konserveert un

laterhen restaureert wurrn is. Dat hett man bi Diekbu-Arbeiten bi Ülvesbüll utgraavt – en archäoloogsche Sensatschoon, sowat mutt för de Tokunft konserveert un utstellt warrn. Gah rin in't Schippfohrtsmuseum – dat lohnt sik!
Jugendstil-Hüüs ut de Tiet um 1905, twee in de Holle Gaat (Hohle Gasse) un noch een Sünnenhuus – in de Nordbahnhoffstraat, hett Husum ok värtowiesen.

42 *Schippfohrtsmuseum Noordfreesland – en Stiftung vun Familie Cohrs*

De Krämerstraat twischen Markt un Haven

Twischen Markt un Schippsbrüch löppt de Krämerstraat vun Husum. De dore korte Straat hett Huus bi Huus Ladens, de Dag för Dag vun vele Lüüd anlopen warrn. Dat fangt an mit de öllste Aftheek vun Husum, de Eenhorn-Aftheek vun 1613, heff ik baven al vertellt. An de Eck vun de Krämerstraat hebbt wi en ole Husumer Schohgeschäft, dat is dat Schohhuus Mader, dat weer na de Krieg noch op de ole Husumer Busbahnhoff, de Rode Poort, un keem an de Eck vun Markt/ Krämerstraat hen. Dor harr fröher de Inhaberin,

Seniorchefin Fru Mader, to seggen, de snackte fix Plattdüütsch. Un wenn de Dünnersdag keem, de Husumer Marktdag, denn regeerte un kommandeerte Fru Mader all de Verköperschen, wenn veel Kundschaft weer, un sä denn: „Nu seht to un sitt sik nich de Moors breet – Mien Gott, nu kamen de Pellwormers – wo schall dat blots warrn – Pellwormer Fööt in Pariser Schoh!"
Interessant is ok, dat över de Ingang vun dat Schohhuus Mader jümmers noch en Sandsteen-Fries to sehn is, mit en sinnige Barock-Spröök, de uns to denken geven schall: GELIEK AS ROOK UN STOFF VERSWINDT, ASO SIND OK DE MINSCHENKIND – hoochüütsch: Gleich so wie Rauch un Staub verschwindet, also sind auch die Menschenkinder. De dore Spruch steiht ok in Storms beröhmte Novell „Aquis submersus", de grotendeels in Husum un Drelsdörp speelt. Lohnt sik, de dore Novell to lesen. Dat geiht um Konflikte twischen de börgerliche Maler Johannes ut Husum un sien Leevste, Katharina, de he nich heiraden kunn. Se keem ut de Adel un ehr Broder harr wat gegen de börgerliche Maler, he brochte Johannes bald um. Johannes muss för fief Johr na Amsterdam flütten un wurr dor wieder as Maler utbildt. Na fief Johr keem he torüch, aver dor weer se in Drelsdörp mit de Preester verheiraat. Se harr al vörher en lütte Kind. De Preester hett ehr mit dat uneheliche Kind heiraat, dat Kind vun de Maler, de dat nu eerst na fief Johren to weten kriggt. Dat Tragische: Dat Kind verdrinkt dör de Schuld vun de egene Vadder: Culpa patris aquis submersus – Düütsch: Durch Schuld des Vaters im Wasser ertrunken. De Maler mutt sien egene Kind op dat Dodenbett malen, he schrifft de latiensche Satz ünner dat Bild. In Drelsdörp in de prächtige Fresen-Kark vun 1200 sühst du dat so nöömte Bonnix-Epitaph mit dat Bild vun en Kind un de Satz: Incuria servi aquis submersus – dat heet: Durch Schuld des Knechts im Wasser ertrunken. Dat weer dat Vörbild un de Motivatschoon för Th. Storm un hett em swaar to denken geven. De dore Novell is ok en

Anklaag gegen de Adel, de sik över de düchtige Börgerslüüd stellt.
In de Krämerstraat gifft dat vele Ladens, de Bookhandlung Liesegang, en grote Drogerie Douglas, Blomen, en Laden för Strich-Wull (Strickwolle) – un dat grote C.J. Schmidt-Textilkoophuus, wat ik al vörstellt heff. An de Schippsbrüch twiegt de Twiete af in Richtung Grootstraat, dat is en enge Gang twischen de Hüüs dor harr fröher de Senator Christian Friedrich Feddersen, Husumer Patrizier un Urgrootvadder vun Th. Storm, sien Huus un Kontor, dat speelt in Theodor Storms Novell „Carsten Curator" de Hauptrull, dreiht sik um en sware Vadder-Söhn-Konflikt wegen Alkoholsucht vun de Söhn.
In de Krämerstraat weer över 150 Johr de ole ehrwöördige Bookhandlung Delff, bi de fröher de Husumers ehr Böker bestellt un kofft hebbt. Dor is hüüt en anner Geschäft in. Över de Gävel vun de fröhere Bookhandlung Delff kannst du en Kunstwark sehn: En grote, opslane Book mit de Weltkugel, ut dat en Schrievfedder, en Gooskiel, rutkieken deit, un twee Vagels doröver. Een is de noordsche Raav Hugin oder Munin, de sünst op de böverste Gottheit Odin sien Schuller sitt, de anner is de christliche Fredensduuv (Abb. 43). Dat is eerstmal Kunst, twetens en schöne Symbolik, de uns to denken geven deit, dor denk an!

43 *Över de ehemalige Bookhandlung Delff: dat Book as Weltmacht*

De Husumer Warft, Watertoorn, Hockensbüller Kroog

Wo fröher de grote Husumer Warft weer, dor steiht siet över 30 Johr dat niege Husumer Raathuus (Abb. 44), dat domals bi vele Husumers wegen de moderne Bustil kritiseert wurrn is, aver goot to de Husumer Haven passen deit. Rund um dat Raathuus is dat in de letzten Johren Stück bi Stück ophübscht wurrn.

Dat Kreishuus för de Kreis Noordfreesland steiht op dat fröhere Veehmarkt-Grund dicht bi de Watertoorn op de fröhere Kamp. De Watertoorn is buut 1902 för Noordhusum un de grote Veehmarkt, is al lang still leggt un ward renoveert. Dor kamen Gästestuven för Touristen rin, dat is denn ok en Melkkoh na dat Motto: Een Gästebett bringt mehr as en Melkkoh.

Denn gifft dat noch twee historsche Kröög oder Weertshüüs, eenmal Dragseths Gasthof vis a vis vun dat niege Raathuus bi dat Schippfohrtsmuseum. Dragseths is de öllste Kroog in Husum, en beleevde Kroog un Restaurant in beste Havenlaag – mit en schulige Beergoorn achtern mang ole Muern, föhlst di as in en ole Dörpskroog.

Jüst rut ut Noorderhusum steht de Hockensbüller Kroog, en ole Reetdack-Fresenhuus. De weer fröher en letzte Statschoon för de Veehdrievers, vör de Veehmarkt mit dat Veeh noch Rast to maken, dat Veeh rein to putzen un denn schier un glatt op de Markt to verkopen. Dat weer al för 200 Johr un bet hüüt en Gasthuus, en Utfloogslokal för de Husumers.

Gröttste Arbeitgevers sünd de Bundeswehr un dat Textil-Koophuus C. J. Schmidt. Fröher weer dat ok de Husumer Werft mit över 700 Arbeitsplätze bet um 1973. De fröhere Egendömerfamilie Cohrs vun C. J. Schmidt, dat heff ik al vertellt, hett Husum dat grote Schippfohrtsmuseum stiftet. Denn hebbt wi de däänsche Windenergie-Firma Vestas un dat grote Klinikum Nordfreesland an de Slottpark, wat as Deel vun en Krankenhuus-Konzern jümmers grötter buut ward. Husum hett en grote Gewarfrebeet oosten vun de Stadt, dor speelt sik hüüt'n Barg Hannel un Gewarf af un dor hebbt vele Minschen, nu al över 3000, Arbeit un Brot. Dor kummt Johr för Johr mehr an Gewarf un Deenstleisten hen, un bald steiht dor ok dat niege Husumer Swemmbad- un Sportcenter, dat ole is in de Johren kamen, duernde Renoveren warrn op Letzt to düür.

Stiften vun Thordsen, Asmussen-Woldsen, Cohrs, Ede Sörensen-Stiften

Husum is de Stadt mit de mehrste Koopkraft an de Westküst un heet vör 60 Johr „Tor zur Halligwelt", hüüt seggen wi Tor zum UNESCO-Weltnaturerbe Wattenmeer. De groten Silos an de Husumer Butenhaven sünd tietwies um 1965 de gröttsten in Düütschland ween, buut t. B. von de Hamborger Koopmann Thordsen. De un sien Fru Irene Thordsen hebbt Husum dat Thordsen-Hotel op de Plack vun dat ole Schüttenhoff lieköver vun't Krankenhuus buut, wo noch um 1960 de Schoolfesten fiert wurrn sünd. An dat dore Parkhotel Thordsen anbuut weer de ole Thordsen-Kongresshall, en Stiften vun Fru Irene Thordsen. De Hall wurr 2016/17 afreten, dor ward jüst en grote Appartment-Wahnblock mit fief Stockwarken opbuut. Dat Parkhotel Thordsen is al 30 Johr en Appartmenthuus mit Egendomswahnungen. De Stifterfamilie Thordsen steiht in en Reeg vun Husumer Stiften: De Asmussen-Woldsen-Stiften, de Stiften vun Familie Cohrs – dat Schippfohrtsmuseum – un de Ludwig Nissen-Stiften vun 1925 mit dat Nissenhuus. Siet 1980 höllt de Ede Sörensen-Stiften dat Gedenken an Ede Sörensen oprecht, Besitter vun en Fischrökerie un Fischhannel in Husum. Stifters weren sien Dochter Christel un ehr Mann, de Architekt Hans Jochem Feddersen. De Stiften hett al mit süssteihn markante Kunstobjekten dat Husumer Stadtbild en beten rieker maakt.

Binnenhaven, Klappbrüch, Natschonalparkhuus, Husums niege Raathuus

Nerrn sühst du de Husumer Binnenhaven mit dat niege Raathuus, mit en Deel vun de olen Hellinge för de Stapelloop (Abb. 44, 45). Un ok en anner Wohrteken vun Husum, de Tünnenleger Hildegard, en Museumsschipp. Du sühst, dat Raathuus wiest en moderne Architektur. De rode Tegelsteenflögel erinnert an Backsteenarchitektur, de anner Flögel ut witte Kalksteen is in Kontrast dorto. Mang de beiden is en jüst so moderne Glas-Buwark, as drütte Element, dor kannst du wiet in't Raathuus rienkieken, as en Oort Schipps-Kommandobrüch. Un rundum is ok för de Touristen allens opregelt mit lütte Skulpturen, mit blaue lütte Fliesen in't Plaaster, op de Gedichte vun Theodor Storm stahn, mit en niege, hoge Stahltoorn an de Straat mit Utsichtsplattform, Bänken un schöne Havenkant.
De Havenstraat is vun März bet Oktober en beleevte Footgängerstraat. An't Enn bi de Kleikuhl steiht en Oort hollandsche Klappbrüch – denk an de noordfreesche Hannel mit de Nedderlänners.

44 *Nieget Raathuus – Hauptportal*

45 *Raathuus vun de Westsiet*

An de Havenstraat sühst du dat Natschonalparkhuus, dat wiest uns veel över de Natschonalpark un dat Rundum, mit en grote Noordseewater-Aquarium un vele Exponaten, dor kannst du di 'n Barg ankieken un lehren över de Natschonalpark un över dat Weltnaturerbe Wattenmeer. Dorto höört ok en Een-Welt-Laden mit Fairtrade-Woren. Südsiets vun de Binnenhaven sünd in de letzten Johren vele niege un grote, dreestöckige Wahnblocks buut wurrn, wo fröher blots Schiet un Klei un natte Waterkant weer. Wieder na Oosten rut Richtung Bahnhoff hett C.J. Schmidt vör welke Johren en grote Parkhuus buut. An de Havenkant stahn al länger en Reeg Appartmenthüüs mit en Marina, en Bootsanlegger, dorvör – dor kannst du rut ut dien Huusdöör un denn foorts in dien Segelyacht oder Motorboot stiegen. Sodennig is de Binnenhaven in een Generatschoon vun en lude un schietige Industriehaven mit grote Schippswarft to en touristische Smuckstück wurrn. Dat geiht vun Krämerstraat un Schippsbrüch över de Havenstraat mit bannig vele Restaurants, Weertshüüs, Kröög un nette Ladens.

Dortwischen noch en poor ole Spiekerhüüs so as de Husumer Spieker oder de Spieker vun P. Peters, en Köhlen- un Heizölkoopmann. Havenstraat un Schippsbrüch sünd ophübscht mit Bänke, schöne Plaastern, de Hüüs sünd smuck torecht. Dorlang löppt siet 2018 en Weg mit fast installeerte Info-Tafeln as en Statschonenweg vun dat Noordfreesland Museum bet hen na de Dockkoogspitz. Op de doren Statschoonstafeln stahn Informatschonen över Noordsee, Naturschutz, de Natschonalpark Wattensee un Husum – dor kieken vele Gäste na hen.
Veel mit Küstenschutz un Natschonalpark to doon hett ok dat grote LKN – Landesbedriev för Natschonalpark, Küsten- un Naturschutz –, de liggt jüst an de Bahnhoff un weer fröher dat ALW, Amt för Land- un Waterweertschopp as Nafolger vun dat Maschenbuamt, as Deel vun de Fiskus, dat is de Staat. Bi de Fiskus harrn fröher vele Mannslüüd op de Inseln, Halligen un op Eiderstedt sekere Arbeit un Brot in de wietleftigen Vörlännerien, ok an de Noordstranner Damm, de Damm na Nordstrannisch Moor, na Langeness oder de Hindenburgdamm na Sylt. De Fiskus-Arbeiders harrn oftmals en lütte egene Arbeiderhuus mit Schuppen un Goorn, en beten Land dorbi för Swien, Koh un Schaap. Se schullen de Grüppeln in de Vörländerien utbetern un de Dieken, Lahnungen, Faschinen un Steendämme op de Reeg holen. Fröher gung dat allens mit de Schüffel un mit Muskelkraft – hüüt maken jümmers mehr Baggers de dore sware Arbeit. So hebbt vele Fiskus-Anstellte ehr Arbeit verloren, dat weer an unse noordfreesche Waterkant en grote soziale Problem un hett ok politische Unruh geven.
An de Dockkoogstraat, an de Butenhaven, hett dat LKN en gewaltig grote Materiallager mit bannig vele Materialien – Holtpahlen, Buschwark, Faschinen, Draht, Steenwark, Vlies – to grote Bargen opstapelt för Reparatur- un Instandsettensarbeiden an de Waterkant. De Noordsee slöppt nich, dor denk an! Dor buten

an de Dockkoogstraat gifft dat siet 2019 en poor schöön timmerte, stabile, holten Utsichtsplattformen, richtig solide Timmermannswark, dor kannst du över de Porren- un Dockkoog, över de Butenhaven un dat Trockendock kieken un ok na de Natur, Vagels un all Deerten. De doren Plattformen sünd mal en sinnvulle Saak för de Sanfte Tourismus.

46 *De Binnenhaven vun de Klappbrüch ut na Richtung Raathuus*

Husum un de Nedderlanners – 800 Johr Nahverschop

Husum höörte vele Johrhunnerte to dat däänsch regeerte Hertogdom Sleswig un wurr vun König Christian I. al in't Johr 1461 för Kooplüüd, Seefahrer ut Amsterdam, to en Stapelplack maakt. Amsterdamer Kooplüüd durven mit Scheep de Heverstroom ropfohrn un an Husums niege Schippsbrüch Waren utpacken, de denn över Land na Flensborg transporteren un wieder över de Oostsee. Dat Stapelrecht för Hollanners, freesche un Amsterdamer Kooplüüd weer goot för de Husumers un brochte Geld un Waren in't Land. Husum harr veel Hannel mit Amsterdam, Hoorn, Enkhuizen, Oost- un Westfreesland, mit Flandern un Brabant.

De Noordfresen hebbt ok in Flensborg düchtig mithannelt – gifft en Stadtdeel Friesischer Berg un en Friesische Straße. Na Tönning, Friedrichstadt un Husum kemen in't 16./17. Johrhunnert vele Nedderlanners, t. B. vele Kathoolsche un Remonstranten, as Religionsflüchtlinge, de wegen de calvinistische Herren dat Land verlaten mussen. De Remonstranten lehnten de calvinistische Lehr vun de Prädestinatschoon af, wo steiht, dat Good un Böös för de Minsch vörutbestimmt is. Se weren Diekbuers, Timmer- un Muerlüüd, Landvermäters, Möhlenbuers, Beerbruers, Meesters för Kees- un Bodderherstellen in Holländerien. Eiderstedt un Noordstrand weren wichtige Bodder- un Keesexporteure. Ok de Bookdrucker Delff weer Hollanner, de geev denn de eerste Husumer Zeitung, dat Wekenblatt, rut. Em höörte de Bookhandlung Delff. Annersiets hebbt sik ok Husumer Kooplüüd un Schippers in Havenstäder vun West- un Oostfreesland ansiedelt un sünd dor bleven.

Husum as Windkraft-Stadt un Messestadt

Husum hett rund 20 Johr lang bet 2012 de gröttste un wichtigste Windmess hatt. De is 1989 anfungen in de ole Veehhall bi de Watertoorn – un jümmers grötter wurrn. Dorum is denn dat niege Messe Husum & Congress bi dat Gewarfrebeet Oost – Gewerbegebiet Ost – henbuut wurrn: Dat is en grote rode Tegelsteenbu op de Westsiet för Konzerte, Theater un so wat. De Konzerte dor binnen mit en wunnerbore Akustik sünd jüst so en Beleevnis as grote Theatervörstellen t. B. vun dat Hamborger Ohnsorg-Theater. Denn steiht op de Oostsiet en grote Glas- un Stahlhall, mit en egene Management, wo mehrmals in de Maand ok wat los is: De düütschlandwiet gröttste Schaap-Aukschonen, Utstellen vun Goornbu, Kaninken un Fedderveeh, bannig grote Tourismus- un Gastronomie-Messen bet hen to överregionale Flohmarkten. De grote Windmess hett Husum denn 2012 an Hamborg verloren, dorför aver de Husum New Energie un 'n lüttere Husum Wind as Industrie-Mess kregen, wat sik allens in de Messe Husum & Congress (Abb. 47) afspelen deit. De weer 1989 op de Weg brocht – anderthalv Johrteihnte na dat End vun 600 Johr Veehmarkt un Veehhannel in Husum.

47 *Messe Husum & Congress*

Dat Gewarfrebeet Oost is al vör rund 50 Johr op de Weg brocht wurrn, un 1989 wurr denn de Interessengemeinschaft Gewerbegebiet Ost gründt. Achter de Straat Am Schulwald, de Industriestraat, wurrn domals de eersten Bedrieven hensett, denn is dor lopend wat tokamen – bet an de Umgangsstraat B 5 ran un an de Schleswiger Chaussee. Hüüt gifft dat rund 170 Bedrieven as indragene Liedmaten. Bi uns in Husum fung in dat dore Gewarfrebeet Oost mit de Windkraftfirma VESTAS ut Däänmark de Vermarkten vun Windenergie in Düütschland eerstmals an, dat is doch wat! De hüüt ansiedelte Bedrieven ut alle Twiegen vun Hannel un Deenstleisten stellen

Dusende Arbeitsplätze – Arbeid un Brot för 3000 Minschen. Över unse wietleftige Gewarfrebeet Oost wunnern sik vele Gäste un Butenlanners vun gröttere Städer.

48 *De Krokusse – 1. März 2020, dree Weken fröher as vörutseggt*

Un in't Fröhjohr kamen de eersten Gäste to Dusende na Husum, um sik de Krokusse in de Slottpark antokieken, dat Krokuswunder des Nordens.

To dat Krokusblödenfest kamen in 't Fröhjohr Touristen un Busse ut ganz Noorddüütschland un dat Grenzland Däänmark na Husum – all wöllt se de veer Millionen Krokusse sehn. En Problem is blots, dat de Tourismus-Ünnernehmers al lang vörher för Busreisen un dat Krokusblödenfest planen möten. Aver af un to blöhen de Krokusse ok al twee oder dree Weken vörher – de Krokusse laten sik nich so geern de Termin vörschrieven, de hebbt ehr egen Kopp. En wohrhaftige KrokusblödenkönigIn ward jedet Fröhjohr ok wählt, de ward düchtig vermarktet, för Husum to Geld maakt, an mehrsten vun dat Warfgemeenschop, dat Commercium.

Peter Cohrs junior as Baas vun C. J. Schmidt röhrt düchtig de Trummel vör sien grote Koophuus – un dormit för Husum, ok t. B. mit dat Modelcontest, wo sik Lüüd ut ganz Noorddüütschland bewarwen köönt as Model un denn mit C. J. Schmidt-Tüüch grote Modeschauen mitmaken. Dat sünd veel besöchte, beleevte Grootveranstalten in dat Messe Husum & Congress – un best för de Bekanntheit vun Husum – un dat C. J. Schmidt-Modehuus. Geld regeert de Welt.

Noordfreesland Museum Nissenhuus, Nissen-Stiften, Storm-Huus un mehr

Grootoordig is ok dat imposante Noordfreesland Museum Nissenhuus (Abb. 49), wat de 1871 ut Husum na New York utwannerte Ludwig Nissen un sien Fru Catherine Nissen geb. Quick 1925 de Stadt Husum stift hebbt. Dat Ehepaar Nissen is twischen 1882 (dat Heiraatsjahr) un 1914 in New York mit Gold- un Diamantenhannel so riek wurrn, dat de Nissens in New York to de Social Club of Fourhundred, as böverste Upperclass, tohöörn deen – wo an de Spitz de Rockefellers un Vanderbilts stahn hebbt. De Nissens harrn in New York en Villa in Brooklyn mit en Barg Kunst, mit egen Bowlingbahn, Garagen för Kutschen un Automobile un en Diamantenladen op de Fifth Avenue. Ludwig Nissen weer best ansehn, keem as en düütschstämmige Koopmann mit de Upperclass goot klar un weer befründt mit t. B. Präsident Roosevelt. Nissen hett de New Yorker Industrie- un Hannelskamer mit gründt un de Weltutstellen in Atlanta un Paris op de Weg brocht. Husum kreeg na de Dood vun dat Ehepaar Nissen mit de Nissen-Stiften en Barg Geld stift – över dree Millionen Dollars – un twee grote Kunstsammeln vun amerikaansche Kunst um 1900. In dat Nissenhuus warrn de grote Kunstsammeln un anneres utstellt un mit ünnerholen vun de Nissenstiften. In de Oostflügel is siet etliche Johren de grote Husumer Stadtbökerie.

Lieköver vun 't Nordfreesland Museum Nissenhuus liggt dat Finanzamt Husum, jüst so as dat Nissenhuus oder dat Hotel Altes Zollamt, wat fröher en richtige Tollamt weer, in de markante Heimatschutzarchitektur ut Backsteen buut.

49 *Nordfriesland Museum Nissenhuus*

Siet 1972 gifft dat in Husum dat Storm-Museum (Abb. 50) in de Waterreeg un dat Huus vun dat Storm-Archiv. Dat Stormhuus is al um 1450 buut wurrn un 1730 vun de domalige Besitter Cosmos, en Koornhändler un Snapsbrenner, in de Rokokostil op dat Beste as Grootbörgerhuus torechtbuut wurrn. Veles dorvun gifft dat noch hüüt binnen to sehn so as de Rokoko-Dören, dicke Balkens an de Decken, de Schippsplanken-Delen un de Storm-Goorn, deels ut Theodor Storms Tiet, un vele Original-Möbelstücken. Theodor Storm hett in Husum wahnt vun 1864 bet 1880, dorvun af 1866 mit sien tweete Fru Dorothea, geb. Jensen, in de Watereeg. In de dore Tiet is Husum sotoseggen en Hotspot för Literatur ween, Theodor Storm weer al teemlich bekannt, kreeg veel Besöök vun Dichterkollegen ut Düütschland un ok Österriek.

50 *Storm-Museum – Wahnhuus vun Familie Storm 1866–1880*

En Stück wieder de Waterreeg lang na de Kleikuhl seett de Nicolaus-Bruhns-Sellschop. De wurr gründt vun de Husumers Walter Rath un de Kantor Kurt Rienecker un hett man blots vun 1947 bet 2015 existeert. Hüüt gifft dat noch en Frünnenkrink. Bruhns leevte 1665 bet 1697, keem ut en bekannte Karkenmusiker-Familie, wurr in Swabstedt boren, weer in't 17. Johrhunnert, in de Barocktied, en düchtige Orgelkomponist, Violin- un Orgelspeler un harr Umgang mit anner grote Orgelspelers. He weer de leevste Schöler vun Dietrich Buxtehude. Bruhns weer Kantor in de ole Husumer Marienkark; sien Orgel- un Violinwark un Chor-Kompositschonen warrn hüüt wedder mehr speelt un sünd internatschonal ansehn. Dat gifft bekannte Plattenopnahmen vun sien Wark un siet 2015, denn wurr sien 350. Boortsdag in Husum un Swabstedt groot ehrt, en egene Nikolaus-Bruhns-Chor mit en junge Chorbaas, de de Kompositschonen vun Nikolaus Bruhns an't Leven holen will – dor kann man blots Goodes wünschen.

51 *De geel-root-blaue Fresenflagg vun dat eerste Noordfresenfest 1844 in Bredstedt. Däänsche Königskron = Noordfresen sünd däänsch bet 1864; de Grüttputt = freesche Bröderlichkeit; de halve Aar = ole Fresenrechten siet Kaiser Karl de Grote; Lever duad üs Slav = freesche Egenstännigkeit*

Husum hett ok jedet Johr de Poppenspäler-Daag (Abb. 52), en renommeerte Poppen- un Marionetten-Festival, wo Marionetten- un Poppenspelers ut Europa, sogor ut Översee, Theaterkunst för Kinner un utwussen Lüüd wiesen, mehrstendeels in't Slott, aver ok woanners in Scholen oder in't Raathuus, in grote Saals vun Dörpsweertschops oder in dat Husumhus, dat däänsche Theater- un Kulturhuus. Dat Poppenspäler-Museum mit en wunnerbare Sammeln vun Marionetten ut fröhere Poppenspäler-Familien un mit Marionetten-Speelpoppen, sogar welke ut Indonesien un China, is in't Slott vör Husum to bewunnern. De Poppenspäler-daag jedet Johr in de August/September maken Husum ok to en düütschlandwiet bekannte Eldorado för Marionettentheater. Besöök dat mal! Aver bestell rechttiedig de Korten, de sünd sünst gau utverkofft.

52 *Poppenspäler-Museum: Speelfiguren to Röver Hotzenplotz*

Denn hebbt wi in Husum ok dat öllste düütsche Frielichtmuseum – Oostenfeller Huus – vun 1899, wat ut Oostenfeld kummt un wat wi Magnus Voß verdanken – doröver steiht wieder baven wat. Denn gifft dat in't schöön restaureerte Schloss vor Husum eenmal in't Johr de Raritäten der Klaviermusik, dat is jüst so en weltweit bekannte Musikweek mit Musikers ut halv Europa, sogar ut Japan, de an Musikhochscholen un Konservatorien studeert hebbt.
Un siet etliche Johren hebbt wi dat Wiehnachtshuus – Weihnachtshaus (Abb. 53). Dat is en grote, ansehnliche Grootbörgerhuus ut de Tiet so um 1900, steiht ünner Denkmalschutz un höört de Familie Paulsen vun de Druckerie Husum Druck un Verlag, en Verlagshuus, ünner de sien Dack en Reeg anner Verlage tohören.

53 *Wiehnachtshuus – Museum un Sammeln to dat Thema Wiehnachten*

Dor warrn t. B. de bekannten Hamburger Leseheften, Novellen, Johrböker, Johreshefte, Chroniken, offizielle Schriften, Sachböker, Belletristik un veel anner Literatur druckt. De Druckwarken kannst du di dor ankieken un all kopen. Un in dat Wiehnachtshuus in de Neegde hett Fru Alix Paulsen en bannig imposante Museum opbuut mit Sammeln un Dusende Utstellenstücken över Wiehnachten, Wiehnachts-Bruukdom, Wiehnachts-Speeltüüch ut Thüringen, ut Sassen, ut de Schwarzwald usw., de in dree Etagen in grote Rüüm vun nerrn bet baven wunnerbar präsenteert sünd. Dor musst du rienkieken, is en vun de schönsten Husumer Museen un Kulturinrichten, teemlich eenmalig, ik weet nich, wo annerwegens noch so wat wiest ward. Dorto höört en grote Historsche Laden mit Böker, Poppen, Speeltüüch, Dannenboom- un Wiehnachtssmuck. Du warrst di wunnern, dat verspreek ik di!
Husum is sodennig, wat Museen anlangt, för de Tourismus un Kultur al goot opstellt, dücht mi, un kann licht mit jede anner Stadt mitholen. Husum is Mittelzentrum mit Teilfunktionen eines

Oberzentrums, dat heet, in Husum gifft dat ok Inrichten, de sünst blots in gröttere Städte to finnen sünd. Husum is Hauptstadt vun Noordfreesland un gröttste Stadt an de Westküst.
Denn hett Husum de Krabbendaag, de Havendaag, jeden Dünnersdag de grote Wekenmarkt un en lütte Wekenmarkt an de Sünnavend, en Töpfermarkt, Kusthandwarkermarkt un tweemal in't Johr en grote Johrmarkt, denn de New Energy-Mess. De grote Schaapbuck-Auktschoon in de Messhall schall de gröttste in Düütschland ween. Gifft nu ok Stratenfeste as dat Niestadt-Fest mit Stadtföhren un mehr. In de Advents- un Wiehnachtstied hett Husum sien Wiehnachtsmarkt mit en schöön utsmückte un hoge Dannenboom, goot för Familien, Marktgäste un dat Umland, dor is in de Adventstied un Wiehnachten veel los.

Husum sien Scholen, junge un ole Lüüd – un THEO, de Shoppingmall

Wi hebbt bi de Bahnhoff un an de Husumer Au en grote Beroopsschoolzentrum mit rund 3800 Schölers, wi hebbt en Reeg Gymnasien: Ut de ooldehrwöördige Gelehrtenschool is al lang Hermann-Tast-School wurrn, – denn de Theodor-Storm-School an de Lammerfennenweg. An dat Beroopsschoolzentrum maken ok vele junge Lüüd de Beroopsschool-Utbilden, dorbi ok de Mittlere Bildungsafsluss, dat weer fröher de Mittlere Reife, un op dree verschedene Twiegen Abitur. Denn gifft dat twee Gemeenschaftsscholen: de Gemeenschaftsschool Noord, wat fröher de ole Realschool weer, un de Ferdinand-Tönnies-School, benennt na de Begrünner vun de universitäre Soziologie, de ok en jüngere Fründ vun Theodor Storm weer. Denn gifft dat ok de Rungholtschool, dat is en School för behinnerte Kinner, un jümmers noch de fröhere Pestalozzi-School, en Förderschool. Denn hebbt wi ok en Däänsche School in Husum, op de nich blots de Kinner vun de däänsche Minnerheit wat lehrn, dor

schicken ok anner Öllern de Kinner hen. De däänsche Minnerheit mit de politische Twieg SSW – Südsleswigschre Wählerverband – hett op de Niestadt en grote Versammelnhuus, dat Husumhus, mit de Golden Hahn över dat Portal, natürlich ok mit de Danebrog, de bi uns bet 1864 weiht hett (Abb. 54).
Hier en lütte Exkurs över Husum as Seniorenstadt: In Husum gifft dat en Dutt Seniorenhüüs: Dat DRK bedrifft dat Käthe-Bernhard-Huus op de ole Kamp-Veehmarkt un dat DRK-Heim Goethestraat. De Diakonie föhrt dat Liette Eller-Seniorenhuus an de Stadtweg op dat ole Grundstück vun Fru Anneline Petersen, bekannt as Stine Mett. Dat weer en Husumer Buersfru, de en ole freesche Buernhoff an de Stadtweg op de Maas mit Land rund um de Hoff an de Stadt un in de Masch harr. Se leggte gorkeen Weert op Kleedaasch, harr jeden Dag Arbeits- un Stalltüüch an, ok wenn se to Stadt weer, un snackte Plattdüütsch. Dorbi weer se jümmers liekto, as man hier seggt, hett nich an sik dacht, so en eernsthaftige Respektsperson, hett ehr Gloven so eernst nahmen, hett jede Karkenleed mit all sien Strofen mitsingen kunnt. Op ehr Dodenfier hett de Schobüller Paster Binge de Truerreed op Plattdüütsch holen, dat weer ut Respekt vör Fru Petersen. Liekers hebbt vele Minschen ehr minnerachtig ansehn. Ehr Graffsteed op de Westkarkhoff weer oplööst, de Graffsteen weg, dat hett vele Husumers argert. Intwischen hett ehr Graffsteen en niege Ehrenplatz an de Oostsiet. Dat hett Stine Mett – Anneline Petersen, en Husumer Original – verdeent.
Privat-Seniorenhüüs sünd noch dat Huus Moorschift an de Flensborger Straat; de Cura-Seniorenresidenz lieköver vun dat Nissenhuus, denn en private Seniorenhuus in de Schillerstraat; dat Hauke Haien-Seniorenhuus in de Stormstraat. De Stadt Husum hööort dat Städtische Olenheim in de Volquart-Pauls-Straat. Dat öllste Seniorenstift is dat St. Jürgens-Hospital Gasthaus zum Ritter Sankt Jürgen. Na Husum trecken wegen de Noordsee un de reine

Luft vele Lüüd vun binnenlands, t. B. ut dat Rhein-Ruhr-Rebeet oder wieder ut Süden. Ok trecken vele pensioneerte PastorInnen hierher – de lewe Gott is dicht bi un bi uns schient jümmers de Sünn – un wenn de nich schient, hebbt wi veel frische Luft, de langt för vele Lüüd.

54 *Husumhus, dat däänsche Versammeln- un Kulturhuus*

Dat Husumhus maakt wat her mit Bökerie, mit en schöne Theatersaal, wo ok dat Landestheater spelen lett, mit en grote Bühne, wo ok Konzerte geven warrn. Denn hett de däänsche Minderheit un de Sydslesvigsk Forening SSF en Däänsche Kark in de Klaus Groth-Straat. In de Kark un in dat Husumhus kann jedereen ringahn, de Dänen bieten nich, de beden uns düchtig wat an däänsche Kultur. In Husum is an de Schobüller Straat en vun de gröttsten VHS – Volkshoochscholen – in Sleswig-Holsteen. Un wichtig för Husum un Noorddüütschland is dat TSBW – Theodor-Schäfer-Beroopsbildungswark, dat wurr gründt vun de evangeelsche Karkenmann Theodor Schäfer. Dat höört to de Diakonie vun de Evangeelsche Kark un is en grootoordige Inrichten för junge Minschen mit

Handicaps, de warrn dor in vele Beropen utbildt, dormit se laterhen goode Chancen op de Arbeitsmarkt hebbt. De junge Lüüd wahnen meest in Wahnheime vun dat TSBW un besöken grotendeels dat Beroopsschool-Zentrum Husum an de Husumer Bahnhoff. Ok dat Slott-Café un dat Restaurant Handwarkerhuus vun 1741 warrn betreut vun dat TSBW, dor lehren junge Lüüd för de Gastronomie.

55 *THEO – Husumer Shoppingmall vun Oktober 2019 mit 610 Parkplätze*

In dat niege THEO (Abb. 55), dat grote Inkoopszentrum an de Grootstraat, wat na de Buwies vun en amerikaansche Shoppingmall konzipeert is, lopen siet Oktober 2019, as dat THEO opmaakt hett, en Barg Lüüd hen, vele Familien un junge Lüüd. Dor sitten se, eten un drinken, wat man ok gau twischendör vertehren kann, as Coffee to go un Hamborgers to go, un freuen sik, dat se in Husum wedder en Mööglichkeit hebbt, ünner Dack mit vele anner Lüüd tosamentokamen. Sodennig is dat en Vördeel för alle Besökers. Hett aver veel Spektakel geven in Husum, wegen dat Konzept vun THEO un wegen de Naam un de Architektur. Du schallst aver nich vergeten, dat Husums Innenstadt oppassen mutt, dat de Lüüd nich wegblieven un dat nich so veel Leerstand is, dat is wohrhaftig en Problem in vele Innenstäder, villicht ok wegen de Internetkoop bi Jung un Oolt. Dat THEO hett över 600 Parkplätze antobeden, un wenn de Autofohrers all utstiegen, bringt dat düchtig Leven in Husums Innenstadt.

Sünst aver is för junge Lüüd, de geern to Discothek oder to Fiern gahn, nich veel an Mööglichkeiten. De letzte grote Disco, dat weer de Nachtschicht in dat grote Warfrebeet Husum Ost, hett vör poor Johr de Poorten dicht maakt. De Nachtschicht weer de eenzigste richtig grote Disco hier, geev blots noch twee anner Discos op de Niestadt, de wurrn ok dicht maakt. In de Slottgang, wo hüüt an de Ole Bruerieplatz de Kulturkeller in de histoorsche Keller vun de ole Husumer Herrenhuus-Beerbruerie is, dor weer lange Johren de Braukeller, dor drepen sik jede Avend junge Lüüd, de denn dorna ok villicht in't Kino oder in een vun de Discos gahn wullen. Dor kunnst du eerstmal in dat dore Keller-Ambiente mit ole Stöhl un an ole Dischen un mit junge Lüüd, veelmals Schölers, snacken un villicht wat drinken oder ok Pizza un so wat eten. De Weertslüüd weren arabische Migranten, de sünd vör en poor Johr wegtrucken. Dat Gebüüd höört aver de Stadt, dorum is dor hüüt de Kulturkeller. Dat is aver wat anneres as en Kroog. So wat as de Brukeller dat weer, dat bruukt Husum för Minschen, de geern mal in en Gasthuus inkehren. An de Rode Poort (Rote Pforte) gifft dat siet poor Johr ok nette Ladens un Imbisse, t. B. dat Alex, en Bistro un Kroog, twee Döner-Imbisse, denn Ebbe und Flut för Bio-Levensmiddel, un mehr.

För de noch Jüngeren gifft dat dat Jugendhuus BISS in de Norderstraat – goot so, ward vun de Stadt düchtig ünnerstütt.

Sünst is dor noch de Husumer Spieker – Husumer Speicher – an de Noordsiet vun de Havenstraat (Abb. 56). De Spieker is för de Kooplüüd so um 1890 herum buut wurrn, jüst so as de Spieker vun P. Peters lieköver op de anner Havenkant oder as de Spiekers in de Rosenstraat, de hören deels to dat Koophuus Rothgordt. De Husumer Spieker is al vör rund 30, 35 Johr as Kulturhuus umbuut wurrn mit en Bühn för Musik un Theater, mit utbuute Böveretaasch för Utstellen, för de Wiehnachtsmarkt, Veranstaltungen zu Umwelt un Politik. De dore Spieker, dat is en richtig goode Inrichten, dor is mehrmals in de Week wat los, dor köönt sik junge Lüüd as Musikers oder as Poetry-SlamMers utprobeern, dor is Musik to hören, de sünst jüst nich de Massen anspreken deit, so as Punk, Ska, Irish un anner Folkmusik, Jazz, Comedy, Kabarett. De Künstlers, Speellüüd, Musikers, Spaaßmakers, Thealerlüüd kamen nich blots ut Husum, de kamen vun överall her un maken uns Freud. De Spieker ward ehrenamtlich mit 'n grote Barg an Engagement un Insatz oprecht holen.

56 *Husumer Speicher – Kulturhuus Husumer Spieker*

Nich wegtodenken is ok de Theodor-Storm-Jugendharbarg vun de Düütsche Jugendharbargsverband an de Schobüller Straat bi de Volkshoochschool. De dore Harbarg hett noch vör en poor Johr as en vun de wenigsten, villicht as de eenzigste in Düütschland, en grote Reetdack hatt, dat wegen Brandschutz un för en Vergrötterung denn dör en Pannendack uttuuscht wurr – un maakt nu ohn Reetdack wat her, en vun de schönsten Harbargen, veel besöcht.
Husum deit 'n Barg för dat Fastholen an dat ole Stadtbild – liekers in de letzten 150 Johren so en grote Barg vun de ole Busubstanz verloren gahn is. Stell di vör: Um 1850 wurr Husum „Rothenburg des Nordens" nöömt, domals wegen de roden Backsteenhüüs, vun de blots noch wenige to bewunnern sünd. Ton Bispill hett Husum ok veer grote Hüüs, de to de Backsteen-Heimatschutz-Architektur tellt warrn: Dat Museum Nissenhuus, dat Finanzamt dor lieköver un dat Danckwerthhuus – hüüt en Ärztehuus in de Danckwerth-Straat, wat fröher en Verwaltenshuus vun de Iesenbahn weer, un denn noch dat ole Tollamt an de Kleikuhl, hüüt dat best renoveerte Hotel Altes Zollhaus. Ok de Schippsbrüch un de Havenstraat hebbt sik in de letzten Johren richtig rutputzt för de Gäste. Dor is en Barg Geld vun de Europääsche Union un anner Fördergeld rinstaken wurrn, um de Schippsbrüch un de Havenkant attraktiv to maken. Mi dücht, dat hebbt de Stadtplaners al goot henkregen – jüst so de Privat- un Geschäftslüüd, de ok veel Geld in de Hand nahmen hebbt, ehr Hüüs dor an de veel besöchte Havenkant optoputzen un smuck to maken.
Kennst du de Hamborger Havenrundfohrt? Villicht jüst so schöön, aver wat körter is de Husumer Havenrundfohrt mit en lütte „Tuckerboot Möwe Will"– de Havenkant bekieken vun dat Water ut un sik wat vun de Kaptein vertellen laten, dat sleit an!

57 *Binnenhaven mit hollandsche Klappbrüch un smucke Havenstraat*

58 *Havenkant un Zinglslüüs*

Un wat bringt de Tokunft? Disse Projekte möten anpackt warrn

To Tiet snacken Börgers un Politikers över veer tokünftige Grootprojekte för Stadtentwickeln un Tourismus. Eenmal de Niegestalten vun de Kleikuhl an dat Enn vun Havenstraat un Waterreegg, denn dat Verschönern vun Schobülls Waterkant. De Kleikuhl

schall mit en Plattform höger buut warrn, wo de Besökers baven op lopen un mehr över de Haven kieken köönt – dat ward en Barg Geld kosten un is vele Husumers to düür. An de Kleikuhl is veel los. Toeerst dat Natschonalparkhuus (Abb. 61), bedreven vun de Schutzstatschoon Wattenmeer, ünner een Dack mit dat WWF / World Wildlife Fund, de Weltladen Husum, de BUND un de Vereen Jordsand, as Informatschoonshuus för Naturschutz un de Natschonalpark Weltnaturarf Wattenmeer. Geiht wieder mit veel Gastronomie, t. B. Fischhuus Loof, Restaurant Wiesendanger direktemang dorbi, denn dat markante Glashuus mit dat geern besöchte Restaurant Fratelli hart an de Havenkant un dat niege Hotel Altes Zollamt an de westen Eck vun Kleikuhl. Dat weer mal dat Tollamt för de Westküst. Um de Eck an de Diekstraat is dat Lammkontor mit dat Restaurant Eiskeller – en historsche Husumer Ieskeller – mit schulige grote Beergoorn un Gästestuven – un mit vele Antiquitäten binnen un buten. De Besitter versteiht wat dorvun un hannelt dormit.
För Husum ward de Behindertengerechtigkeit jümmers wichtiger. De Kehrsiet vun dat vele Koppsteenplaster in de Ooltstadt oder bi dat Slott is, dat dat för Senioren nich eenfach to gahn is, jüst so de Togang to vele Veranstalten, in de Gastronomie, op touristische Placken. Dat is en Duurbrenner-Thema, wo man sik um kümmern mutt, jüst so as dat Thema opene Toiletten – gifft jümmers mehr öllere Lüüd un mehr Busse, un all schöllt se mal ut de Büx.
Denn noch dat jüst so beleevte Fischhuus un Restaurant Loof, in een Front an de Kleikuhl bet na de Waterreeg mit Restaurants un vele Terrassen-Sittplätze, wo du fein buten sitten, eten un drinken un in de Sünn kieken kannst. Vun de Kleikuhl geiht dat dör en Tunnel ünner de Iesenbahn un Umgangsstraat B5 röver na de Butenhaven, wo du ok spazeren un de Gastronomie in't Restaurant Blinkfüür oder La Mer nutzen kannst – mit Sicht op de Haven, de

Fischkutters. Un in de Husumer Sea-Shop koffst du di denn Fischer-Klubben (Holtschoh) oder en schaapwullen Fischerpullover. Vun dor ut kannst du op de Dockkoogstraat rut na de Husumer Seeslüüs oder na de Dockkoogspitz kamen – dat gifft en schöne Fohrradweg un en Straat binnendieks langs. To Foot en beste Spazeergang an de frische Luft.
Dor kann överall wat passeern to Verschönern, beter geiht jümmers wat. De Dithmarschers hebbt uns in Büsum wiest, wodennig Verschönern un touristische Attraktivität geiht – dat kunnen wi ok, dücht mi.

59 *Haven*

Dat tweete is de Verschönern vun Schobülls Waterkant. De is ok al düchtig in de Johren kamen – de Gastronomie dor an dat Water schall geern rutputzt warrn. De Noordsee-Campingplatz hett en wunnerbore Utsicht över de Noordstranner Bucht, un dat Frieluft-Swemmbad mit grote Grasflächen rundum is beleevt bi vele Gäste un Familien, aver is ok al oolt. Schobüll weer vör 25 Johr noch en sülvststännige Dörp. Dat Swemmbad weer goot för de Gäste – de kunnen ok bi Ebb gau in't Water hüppen un in de Sünn liggen.

Aver Schobüll höört nu to Husum un hett as eenzigste Plack keen Noordseediek vör de Nees, dorum mutt dor wat passeern. Ward nu aktuell över en Badesee westen vun dat Swemmbad snackt – aver doröver ward streden. Irgendwat is jümmers, seggt mien Grootmudder.
Nu aver is de Husumers dat Schobüller Swemmbad to düür. Husum hett al en grote Swemmbad, dat ok veel Geld kosten deit. Wat schall passeern? Dat Schobüller Swemmbad afrieten? Oder twee düre Swimmbäder betahlen?
Denn mit dat Husumer Swemmbad, en grote Hallenbad an de Flensborger Chaussee jüst vör de Ferdinand-Tönnies-Gemeenschaftsschool, is dat ok so en Saak. Dat is ok al in de Johren, dat Ünnerholen ward jüst so düür, dat hett sik wiest, as dat umbuut wurrn is. Nu schall na de nieste Plaan en niege grote Hallenbad buut warrn en Stück wieder de Flensborger Chaussee hooch op de rechte Siet, wo noch veel Buland is. Dat schall foorts so plaant warrn, dat all Husumers tofreden sünd – as grote Hallenbad mit Butenanlagen, mit en Kartbahn, mit en integreerte Sportanlaag. Gifft dorför wiss ok en Barg Toschüsse.
Wat hett mien Oma al jümmers seggt: Wenn schon Strauß, dann Johann!
Dat drütte Grootprojekt is de Husumer Dockkoogspitz mit Campingplatz wiet buten vör. Dor weer bet vör 55 Johr al mal en Swemmbad, dat wurr denn oftmols överswemmt un wurr dorum dichtschütt, dat weer ewig ünner Water. Un denn steiht dor en Brandruin vun dat fröher beleevte Nordseehotel, dat is afbrennt – un de Versekerung wull twee, dree Johr nich betahlen. Nu schall dat afreten un villicht nie opbuut warrn. Dat Problem is de Noordseediek – de schall ok verstärkt warrn, un dat afbrennte Hotel steiht hart an de dore Noordseediek mit en Brüch röver op de Diek, de is mit dat Hotel verankert. Noch en Problem. Dor is

vör de Dockkoogspitz ok en beleevte Campingplatz, de jüst so in de Johren kamen is. Un nu töven wi all op de richtige Plaan för en „touristisch nachhaltige Neugestaltung der Dockkoogspitze", de vun de Politik dörsett warrn schall. En Vörslag liggt op de Disch, dor ward seggt, op dat Leegland an de Dockkoogspitz kunn en künstliche See as Badesee utbaggert warrn, in de denn Nordseewater rinlopen kunn. Noog Platz is dor. Vele Husumers lehnen dat af, se seggen, dor ward denn wedder de Noordsee bi Störmfloot rövergahn un allens ünner Water setten oder vullslicken.
Denn gifft dat de veerte, en öllere Stried um en wüste Grundstück, dat is de Stried um dat fröhere VW-Autohuus an de Poggenborgstraat. De gröttste Deel dorvun höört de Besitter, un de will dor Wahnhüüs op setten, so wat ward in Husum bruukt. En Bürgerinitiatiiv hett al lang dorför streden, dat dor en Koophuus, en Supermarkt för Levensmiddel henkummt. Aver de Besitter schient sik jüst dörchtosetten, striedig is blots noch de Towegen to dat niege Areal för Wahnhüüs. De Towegen kann nich över de Poggenburgstraat lopen, dorför is keen Platz, aver villicht rechts um de Eck vun de Damm, dat weer mööglich. En Deel is kloor: Husum mutt wat doon, Husum mutt in de Fööt kamen, de Konkurrenz slöppt nich. Aver över de richtige Weg sik enig to warrn, dat ward vun Johr to Johr swarer. Wi wünschen unse Stadtpolitikers Dörblick un kloke Entscheden. Warfgemeenschop (Werbegemeinschaft) un Commercium schöllt dorbi hölpen; dat Commercium wurr al 1738 verfööqt vun König Christian VI. De Warfgemeenschop deit veel dorto, dat de Husumer Weertschop un Infrastruktur goot funktschoneren.
Wat seggt de ole Noordfrees un rifft de Dumen gegen de Wiesfinger? Dat hiere, dat Geld, dat regeert de Welt.

60 *En smucke Plack in de Waterreeg – Rosenstöcke vör de lütten Hüüs*

61 *Natschonalparkhuus – an de Havenstraat*

62 *Sleswig-Holsteens Deel vun de Natschonalpark Wattenmeer*

De Natschonalpark Wattenmeer – UNESCO-Weltnaturerbe

Noordfreesland hett siet 1985 de Natschonalpark Wattenmeer (Abb. 62), de gröttste Natschonalpark vun Düütschland. De höört in de Verantworten vun dat Natschonalparkamt in Tönning un in de Tostännigkeit vun dat LKN-SH – Landesbedrief för Küstenschutz, Natschonalpark un Meeresschutz SH. Dorto höört ok dat Multimar Wattforum in Tönning. De europääsche Natschonalpark Wattenmeer treckt sik vun Esbjerg in Däänmark an de Noordsee dal bet na Den Helder in Noordholland un is 2007 to en UNESCO-Weltnaturarf deklareert wurrn, wohrhaftig in en Reeg mit de Grand Canyon oder de Yellowstone-Natschonalpark vun 1872 in USA, de öllste Natschonalpark vun de Welt. Wat du gor nich vermoden deist: In un op dat Wattenmeer vör unse Nees leven so vele ünnerscheedliche Organismen un luurlüttje Beesters as op keen anner Plack vun de Welt, dat is doch kuum to glöven. In de dore eenmalige UNESCO-Weltnaturerbe Natschonalpark Wattenmeer bi uns an de Noordsee – op Engelsch World Heritage Waddensea – gifft dat enkelte Zonen as Dele mit veel oder nich ganz so veel Naturschutz. Hüüttodaags föhlen sik de Kegelrobben hier wedder to Huus un laten sik bi uns sogor Seeadlers sehn, op de aver goot oppasst warrn mutt. En Problem is jümmers de Konflikt twischen Schutz oder Nutzen – wo veel vun beides geiht? Wo veel Windenergie, wo vele Scheep, wo veel Fischerie, wo veel Tourismus, dat is hier de Fraag.

Sprakenland Noordfreesland – veer Spraken siet rund 700 Johr

Wi leven in dat Sprakenland NF – hier ward Hoochdüütsch, Nedderdüütsch/Plattdüütsch, Freesch, Däänsch schnackt, dat is ok en Alleenstellens-Merkmal, wat heet, dat dat sowat blots in Noordfreesland geven deit. Freesch un Däänsch gellen as

Minnerheitenspraaken, unse nedderdüütsche Spraak gellt as en Regionalspraak. All dree Spraken sünd 1999 vun de UNESCO to bedrohte Spraken benennt wurrn. Dat heet, dat de Spraken aktive Schutz geneten un de Politik dorför wat doon mutt. Wi snacken Platt, wi maken wat op Platt. In Leck hebbt wi dat Nedderdüütsche Zentrum as Instituut to Fördern vun unse Nedderdüütsche/ Plattdüütsche Spraak. Dat ward vun Lüüd föhrt, de wat vun dat Nedderdüütsche verstahn un för jedereen en Raatslag paraat hebbt, för Jugendgruppen, Scholen oder Kinnergoorns, de wat för unse Nedderdüütsche Spraak doon muchen. Hüüt ward dorum wedder en Barg maakt för dat Plattdüütsche, dat Freesche un dat Däänsche. Wi Fresen weren meest 900 Johr däänsch regeert – eerst 1867 sünd wi denn to Preußen un denn to Düütschen wurrn. De däänschen Wuddeln sünd noch door, dat wiest uns de däänsche Minnerheit merrn mang uns, mit en egene Kark, mit en egene däänsche Forsamlingshus, dat Husumhus, mit däänsche Scholen un Däänschünnerricht an so vele Scholen un de VHS. In de Kopenhagener Erklärung 1955 wurr dat däänsche un unse sleswig-holsteensche Mitenanner vereenbaart. Un wenn Königin Margrethe vun Däänmark hierher to Besöök kummt, so as in de Sommer 2019, stahn an de Straten Dusende fröhliche Minschen, winken mit de Danebrog un freuen sik – uterdem kummt de Königin ut de Adelsfamilie Sleswig-Holsteen-Sonderborg-Glücksborg, se is sotoseggen en halve Sleswig-Holstenerin.
För de finanzielle un ideelle Fördern vun de freesche Spraak un Kultur ward sik kümmert t. B. vun dat Nordfriisk Instituut in Bredstedt – gifft sogor Lehrstöhle för Freesch an de Flensborger Universität un an de Christian-Albrechts-Universität Kiel. Dorum segg ik nu wat op Friisk, wat wi uns all wünschen:
Rüm Hart – Klaar Kiming.
Plattdüütsch: Grote, friee Hart, klare Horizont.

63 *Woldsen-Huus, in de Holle Gaat – Patrizier-Huus ut de Rokoko-Tiet*

Dat Bild 63 wiest dat ene Woldsen-Stammhuus neeg bi de Schippsbrüch. De Woldsens harrn vör 1800 Kontore in Westfreesland un Emden. In't Woldsenhuus wahnten af 1820 na de Dood vun de ole Woldsen rund twintig Johr lang de Familie Johann Casimir Storm un Fru Lucie, geb. Woldsen, mit Söhn Theodor. In Husum bemöten sik sodennig mit de Familien Woldsen un Storm dat Freesche, dat Nedderdüütsche, dat Hoochdüütsche un dat Däänsche.

64 *Amtsgericht 1907 - mit de historsche Gerichtsstuuv vun Th. Storm*

Tourismus, Hotellerie, Gastronomie, Tourismus-Marketing

In Husum speelt de Gastlichkeit en grote Rull. Husum leevt grotendeels vun unse Gäste, de hier en Barg Geld utgeven. Dat doon se aver blots, wenn se hier ok geern as Tourist sünd, sik wohlföhlen un marken, dat se willkamen sünd. In Husum gifft dat en Reeg schöne Hotels, as dat Hotel Am Schlosspark, Genießer Hotel Altes Gymnasium, Thomas Hotel Spa Lifestyle, Best Western Plus Theodor Storm Hotel, Hotel Osterkrug, Nordsee Hotel Hinrichsen, Boutiquehotel Myn Utspann un siet 2018 dat Hotel Altes Zollamt – un en poor Fröhstückshotels as Hotel Wohlert. Dorto en grote Reeg Restaurants un Imbisse. Verhungern deist du in Husum nich – gifft wohrhaftig över 60 Kröge, Restaurants, Weertshüüs, Imbisse, Cafés un en wohrhaftige Restaurantschipp, de utrangeerte Damper Nordertor an de Schippsbrüch. Un överall warrst du vun düchtige Krögerslüüd bedeent.

In de letzten Johren hett de Tourismus in Husum mit un ohn Övernachten in de Schnitt rund 162 Millionen Euro pro Johr Bruttoumsatz brocht. Dat sünd rund 74 Millionen Euro pro Johr an Wertschöpfung, as de Fackutdruck is, sotoseggen för dat Inkamen vun Husum – blots dör de Tourismus. De dore grote Geldbarg bedüüd, dat dat Husumer Volksinkamen mit 15 % dör de Tourismus verdeent wurrn is – in ganz Sleswig-Holsteen aver blots mit 6 % in Schnitt. Un de dore grote Summ kummt denn nich blots de Hotellerie un Gastronomie to Goode – ok de Frietied- un Kulturinrichten, Museen, Kooplüüd, Sportverene, Kinos un Theaters un vele anner Husumers, dat Stadtbild un de Stadtkassen. Ohne Moos nix los, as dat in en fröhere Leed seggt wurrn is. Un wiel sik dat för Husum lohnen deit, sik antostrengen, schall de Tourismus ok noch mehr to en nachhaltige Tourismus entwickelt warrn, vun de ok de nakamen Generatschoon noch profiteren kann. Un de Facklüüd planen för dat Johr 2025, wenn allens so goot wiederlopen deit, mit round about fief Millionen Openthooldsdaag – hoochdüütsch Aufenthaltstage, dat meent all de Daag, de de Gäste hier blieven doon. Un dorvun schöllt denn rund 700 000 Övernachten in't Johr ween, mit de de Planers reken köönt. Dorför möten de Husumer Stadtplaners, Regionalpolitikers un tostännige Lüüd vun de Tourismus- un Stadtmarketing oder de Nordsee Congress Center sik aver düchtig anstrengen. Dat heet hoochdüütsch: Wachstumsstrategie, Infrastrukturplanung und Evaluierung der angestrebten Ziele in stetigen Treffen der zuständigen Gremien. För uns Husumers un Lüüd rundum Husum bedüüt dat, dat wi unse Gremien, Facklüüd un Politikers man düchtig op de Fingers kieken schöllt un ok Bescheed seggen, wenn dor wat ut dat Roder lopen deit. Oder se löven, wenn se dat to unse Wohl goot henkriegen. Denn all de dore Planen kosten dat Geld vun uns Stüerbetahlers, dor denk an! En wichtige Rull för de Tourismus speelt dorbi de Tourismus- un Stadtmarketing Husum, TSMH, dat is en egene, sülvstännige Weertschopsbedriev un keen Amt. Mit de TSMH tosamen arbeiden rund 35 Stadtföhrers, de ok deelwies Reiseleiters för Touristen- un Reisegruppen sünd. Dat gifft in de Saison vun März bet Oktober, ok in de Wiehnachtstied bet in't niege Johr herin meest dääglige Stadtföhren – natürlich op Wunsch ok op Plattdüütsch, Engelsch un Däänsch. Husum hett jümmers vele Gäste ut Utland to Besöök, ut Däänmark, Sweden, de Nedderlannen, Belgien, Frankriek, Österriek, de Swiez, sogor ut Japan un China – Husum is weltbekannt, dor denk an! Un de meesten Besökers mögen unse Noordsee un de Ooltstadt. De Lüüd ut Flandern, de Nedderlannen oder Däänmark freuen sik över histoorsche Gemeensamkeiten in Architektur, Spraak, Geschicht. Nülichs weer en Reisegruppe Russlanddüütschen hier in't Slott, de wunnerten sik över de Zar Peter de Grote un Hertogin Augusta, vun de dor vele Biller hangen – dormit harrn se nu gor nich rekend, dat de Zaren mit de Holsteen-Gottorpers so eng verwandt weren un dat Zarin Katharina mit de Zar Peter III., dat weer Karl Peter Ulrich vun Holsteen-Gottorp, verheiraat weer. Un all freuen se sik, wenn du mit se en poor Wöör op Däänsch, Nedderlandsch, Friisk, Engelsch snacken kannst.

65 *Kleine Straße – Lütte Straat*

De Lütte Straat is een vun unse smucke Ooltstadt-Straten mit Koppsteenplaaster in Husum. De Rosen blöhen bestimmt wedder, stell di dat al mal vör! Dat Koppsteenplaaster höört to dat ole Stadtbild vun Husum un to vele anner noordfreesche Städer un Gemeenden – ok in Friedrichstadt, Tönning, Garding, Bredstedt, Niebüll, Leck, Wyk op Föhr, Tondern, Mögeltondern.

Husums Kommunale Sülvstverwalten

Husums Stadtvertreden, dat Stadtverordnetenkollegium, hett sik na de Sleswig-Holsteensche Kommunalwahl 2018 nie opstellt un süht so ut:

De CDU hett 8, de SPD 7, Bündnis 90/Die Grünen hebbt 5, de FDP 1, de SSW 2 un de WGH 4 Sitts, maakt tosamen 27. De hebbt sik denn as niege Börgervörstaher Martin Kindl vun de CDU as Nafolger vun Peter Empen, SPD, wählt. De ole Börgermeester is ok de niege, de ward aver vun all de Husumer wahlberechtigte Börgers wählt – is Uwe Schmitz. De Börgermeester as Baas vun de Stadtverwalten hett en Amt, he is as Verwaltungsbeamter de Baas in't Raathuus. De Hauptutschuss, de ward na en Wahl besett vun dat Stadtverordnetenkollegium – dat heet, na politische Mehrheiten. De dore Hauptutschuss koordineert de Arbeit in de süss Utschüsse, för de eerst de Hauptutschuss de Posten besetten deit un ok de Vörsitter: de Utschüsse för Finanz- un Weertschop, Buutschuss, Werkutschuss, Utschuss för School, Kultur un Sport un de Umwelt- un Planenutschuss. Jede Utschuss ward föhrt vun en politische Vertreder ut en Partei, t. B. in de School-, Kultur un Sportutschuss hett to Tiet Peter Knöfler dat Seggen, ut de SSW, de däänsche Minnerheitspartei.

66 *Husumer Raathuus mit ole Werfthellinge – vun Westen ut*

Husum is en Mittelzentrum im ländlichen Raum, so heet dat hoochdüütsch, is Kreisstadt vun Noordfreesland, hett rund 23 500 Inwahners un hett as Kreisstadt ok regionale Inrichten mit zentrale Opgaven, t. B. Gesundheitsamt, Kfz-Meldesteed, Krankenhüüs,

en Kreisberoopsschoolzentrum, Gymnasien, Gemeenschaftsscholen, grote Museen, Arbeitsamt un mehr.
Jümmers wichtig is de Stadtplanen, nich blots för de Ist-Tostand, ok för unse Tokunft. Dorum hett Husum en Stadtentwicklungskonzept as Plaan – dat letzte is vun 2006, villicht is al en niege in Arbeit. Ton Bispill gifft dat en Plaan to dat Entwickeln för dat Gewarfrebeet – Gewerbegebiet Ost – dat siet 1965 bet hüüt jümmers grötter ward. Jüst is en niege Afsnitt dorto kamen, wo en niege Swemmbad un Sportanlagen buut warrn schöllt. Denn is de Stadt in verschedene Siedlungsveerdels opdeelt, de in so nöömte Siedlungsporträts planerisch opstellt warrn. Dat is wichtig, denn de Veerdels in Husum stammen ut verschedene Tieden – as de Ooltstadt in de Merrn un de anneren rundum, dor geiht dat um Stratenplanen, um Versorgen mit Water, Energie, um Affallentsorgen oder Müllaftransport, um de Toweeg för Reddensdeenste un Füürwehr usw. Dat Veerdel Kronenburg is dat letzte, nieste Veerdel an de Bredstedter Straat, dor stahn nu al vele niege Een- un Mehrfamilienhüüs op en grote Landflaag, de noch vör foffteihn Johr en reine Landweertschopsflaag weer.

67 *Hardesvogthoff/Harringhoff v. 1754*

Nordfriesland Museum Nissenhaus
Herzog-Adolf-Str. 25
25813 Husum
☎ 04841 – 2545
✉ info@museumsverbund-nordfriesland.de
Utstellen to de Noordfreesland-Historie; Rungholt, Diekbu, Waterkant- un Küstenschutz; Störmfloden – Leven op de Halligen; noordfreesche Wahnkultur – mit en lütte Frielichtmuseum mit twee Rüüms vun en Fischerhuus op de Hallig – historsch korrekte Modelle vun freesche Buernhüüs un Möhlen; Levensbiller un Exponate vun Museumsstifter Ludwig Nissen un Fru Katherine; Exponate vun de Nissenstiften; Levensruum Wattenmeer un Natschonalpark Wattenmeer; noordfreesche Malerie – dat Museum hett vun de Nissenstiften bannig grote Sammeln vun Kunst ut USA un Europa un kofft duernd niege Biller to. Wesselnde Utstellen alle halv Johr; af 2021 de nächste heet – GEWALTIG! Noordsee – en interaktive Utstellen över Noordfreesland un de Noordsee as Mordsee. Audioguides för egene Erkundung – Föhren op Hooch- u. Plattdüütsch dör dat Huus; Themenföhren; Musik- un Theateropföhren. Goot sorteerte Museumsshop.

Schloss vor Husum
König-Friedrich-V.-Allee
25813 Husum
☎ / ✉ kiek baven bi Nordfriesland Museum
Duerutstellen: Herrschaftliche Wahnkultur – Wahnen un Slapen – prunkvulle Kamine – Riddersaal – Modell vun dat Slott um 1600 – Slottkapell – lütte Arrestkeller; Pole Poppenspäler-Museum: Marionetten-Sammeln vun fröhere Marionettenspelers un enkelte

Bühnentypen; Bühnenbiller. Wesselnde Sonder- un Kunstutstellen baven ünner de Dackstohl. Pole Poppenspäler-Daag – internatschonale Marionetten-Festival; Theater; standesamtliche Hochtieden in de Fortuna-Saal; Raritäten vun de Klaviermusik – internatschonale Konzertweel; Leedkunst in't Slott vör Husum; Museumsshop mit Literatur un Kunst. Föhren – Kostümföhren – Theater – Lesungen – Vördrääg – Audioguides.

Ostenfelder Bauernhaus
Nordhusumer Straße 13
25813 Husum
☎ / ✉ kiek baven bi Nordfriesland Museum
Dat öllste düütsche Frieluftmuseum vun 1899 – en Neddersassen-Fackhallenhuus vun um 1570 ut Oostenfeld bi Husum, dor afbuut un as Original in Husum op de Grund vun A. F. Woldsen wedder opbuut – mit Stännerwark ut 50 Ekenbööm – Minsch un Veeh ünner en Dack ohn Aftrennen – opene Füürstääd – Wahn- un Arbeitskultur vun de Buer un sien Familie bet so um 1850 – Siddels un Olendeel mit Alkoven – Wahnstuuv vun 1789 mit Fresen- un Delfter Fliesen, Bileggeraven, Holtsnitterien – Buerngoorn mit Buchsboom, Blomen, ole Appelbööm. Open af Oostern bet Oktober. Föhren op Hooch- un Plattdüütsch dör Huus un Goorn, Lesungen; Audio-Station mit Stimmen vun Deerten op en Buernhoff; lütte Museumsshop.

Storm-Haus
Wasserreihe 31
25813 Husum
☎ 04841 – 8038630
✉ info@storm-gesellschaft.de

Wahnhuus vun Familie Theodor un Dorothea un de Kinner 1866–1880; Museum mit 14 Rüüm – deelwies in Originaltostand; jede Stuuv mit Exponate to Storms Leven un Wark – jede Stuuv för en Levensafsnitt; Storms Arbeitsstuuv; Landvaagt-Stuuv; vele Info-Texte – vele Fotografien, vele Lyrik- un Novellenexponate. Storms Goorn mit Storms Rosen un Blomen. Huusföhren – Themenföhren – Stadtföhren: Op Storms Sporen dör Husum; Goornföhren – Vörlesen – Vördräge; Internatschonale Theodor-Storm-Daag um de Storm-Boortsdag 14. September mit Experten un Publikum; Publikatschonen un Böker. Seminarruum. Sonderutstellen Wiehnachten bi Familie Storm; Museumsshop. In't Naverhuus sitt de Theodor-Storm-Sellschop mit Storm-Archiv.

Schiffahrtsmuseum Nordfriesland
Zingel 15
25813 Husum
✆ 04841 - 5257
✉ schiffahrtsmuseum-nf@t-online.de
Gröttstet Schippfohrtsmuseum in Sleswig-Holsteen; dree Etagen vull mit akkurat tosamenstellte Sammeln to över 1000 Johr noordfreesche Seefohrt – Segelscheep, Plattbormscheep, Dampscheep, Baken- un Tünnenwesen; Hannelsscheep, Kriegsscheep; Historie vun de Walfang; histoorsche Holtschippbu mit en Sammeln vun Modellscheep un Originaldeele; DGZRS/Deutsche Gesellschaft zur Rettung Schiffbrüchiger – dat Bargen vun Minschen un Scheep na Havarien un de Historie dorvun; Frieluftmuseum mit vele Original-Exponate; dat Ülvesbüller Frachten-Seilschipp – en 400 Johr ole, konserveerte Schipp in en grote Hallenanbu; rore Exponate ut de Jungsteentied. Museumsshop. Föhren.

Weihnachtshaus Husum
Westerende 46
25813 Husum
☎ 04841 – 6685908
✉ wunschzettel@weihnachtshaus.info
Museum un Utstellen vun de renommeerte Sammeln vun Alix Paulsen op dree Etagen in en historsche Grootbörgerhuus vun um 1900; en grote historsche Laden mit bannig veel Utwahl. Verschedene Sammeln to de Advents- un Wiehnachtstied; Speeltüüch, Wiehnachtssmuck, Dannenboomsmuck ut Franken, Thüringen, Sachsen un dat Erzgebirge in historsche Sammeln; Utstellen över Kriegswiehnachten; Wiehnachtspyramiden; Historie vun Lametta un Engelshoor; de Wiehnachtsboom vun Theodor Storm; Sammeln vun Nöötknackers. De Wiehnachtskööк un Wiehnachtsbäckerie; Wiehnachtskrippen. Historsche Laden un Museumsshop mit en grote Utwahl ut de Husum Druck un Verlag; Noordfreesland-Böker, Böker över Wiehnachten, Kinnerböker, Kunstböker, Kalenners. Föhren för Gruppen.

Stadthaus der Herzogin Augusta
Markt 1
25813 Husum
☎ 04841 – 9374933
Historsche Renaissance-Huus ünner Denkmalschutz an de Slottgang mit eenmalig sehnsweerte, restaureerte Renaissance-Stuckdeck ut de Tied vun Hertogin Augusta vun Däänmark. Twee Etagen mit ole Treppen. Dat Huus weer enige Johren en Oort Laden-Galerie „Hebben & Sien", wurr in de Sommer 2020 opwännig restaureert un präsenteert sik un sien Historie as Hertogin-Augusta-Stadthuus siet September 2020 mit en Kunstgewarf-Laden un en Museums-Ruum richtig smuck.

Galerie Lüth
Altendorfer Str. 21
25813 Husum
Ortsteil Schobüll
☎ 04846 - 450
➥ 6 km vun Husum
Galerie Lüth un pictus-Verlag
De pictus-Verlag is för de Dokumentatschoon vun de Utstellen dor un bringt Kunst-Publikatschonen dorto ok rut. De Galerie is in en ole freesche Reetdack-Fischerkaat vun 1790 mit siede Rüüm; mit Sicht op de Noordsee, keen Diek vör de Nees. Wesselnde Utstellen över dat Johr; realistische un abstrakte Kunst vun vele regionale, noordfreesche, ok Künstlers ut ganz Düütschland. Tosamenarbeit mit Museen. Besökers kriegen en schöne Tass Kaffee oder Tee. Föhren.

Galerie Tobien
Neustadt 4
25813 Husum
Mit en tweete Galerie:
Wittendüner Geest 30
St. Peter-Ording
➥ 45 km vun Husum
☎ 04841 - 64800
✉ info@galerie-tobien.de
Twee grote Galerien in Husum un in St. Peter-Ording. Tosamenarbeit mit Museen un de Gemeende mit Duerutstellen vun de sonöömte Kunstsammeln St. Peter-Ording. Wesselnde Utstellen in Hallen un Präsentatschoonsrüüm mit verschedene Kunstrichten un Stile. Vergoldermeesterwarkstääd un Warkstääd för Billerrahmen. Malerie, Fotografie, Papierkunst, Grafik – allens vun realistisch bet abstrakt; bannig grote Utwahl vun noordfreesche un

düütschlandwiet bekannte Künstlers. Armin Mueller-Stahl, Horst Janssen, Klaus Fußmann, Noorddüütsche Realisten, ok junge Künstlers stellen sik vör.

Galerie Peters
Treibweg 41
25813 Husum
✆ 0175 – 2211300
mit Galerie un Antiquariat:
in 25856 Hattstedt, Bundesstr ➥ 6 km vun Husum
In Husum ünnerbrocht mit veel Kunst-Sachverstand in en historsche Veehstall. Wesselnde Utstellen; Themen-Malerie as t. B. Noorddüütsche Realisten, Maritime Malerie, Landschoppen, noordfreesche/överregionale Malers.

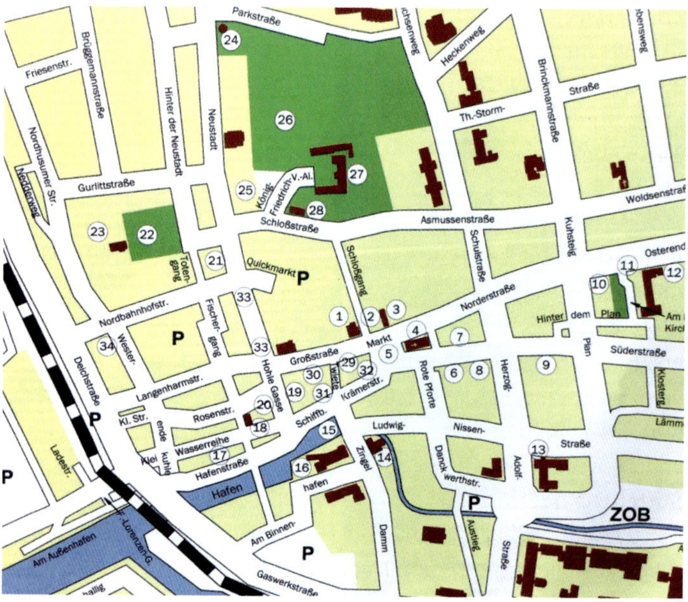

68 *Stadtplan Husum – Innenstadt*

1 Ole Raathuus, Tourist-Info **2** Hertogin-Augusta-Huus un Herrenhuus **3** Storms Geboortshuus **4** Marienkark **5** Tine-Brunnen (1902 Adolf Brütt) **6** Königl. Gymnasium 1867 **7** Wahnhuus Hermann Tast, Reformator **8** Storms Wahnhuus 1864–1866 **9** Ole Schüttenhoff **10** Scharprichterhuus **11/12** St. Jürgens-Kark mit St. Jürgensstift, Familiengraff Woldsen/Storm **13** Noordfreesland Museum Nissenhuus, ZOB, Husumer Au, Hauptbahnhoff **14** Schippfohrtsmuseum Noordfreesland, lieköver dat niege Raathuus **15** Schippsbrüch, ole Slüüs, Haven **16** Slippanlaag, ole Husumer Werft **17** Havenstraat mit Husumer Spieker **18** Storm-Huus, Stormmuseum **19** Storms Öllernhuus **20** Woldsen-Stammhuus **21** Storms Huus 1845-1853 **22** Niestädter Westkarkhoff **23** Oostenfeller Buernhuus, Frielichtmuseum **24** Ole Watertoorn **25** Kavaleershuus **26** Storm-Denkmal (Adolf Brütt) **27** Slott vör Husum un Slottgoorn **28** Doorhuus vun dat Slott (1612) **29** Danckwerth-Huus **30** Wernersche Huus **31** Eck Twiete/ Schippsbrüch **32** Aquis-submersus-Huus **33** Veehmarkt-Skulptur **34** Wiehnachtshuus

Who is who – Wat is Wat? Naams un Begrepen

Asmussen-Woldsen-Vermächtnis: En Stiften vun 1859 vun Anna Catharina Asmussen (A.C.A.) un ehr Vetter August Friedrich Woldsen (A.F.W.), beid ut Husumer Patrizierfamilien mit Beerbruers, Buern, Kooplüüd un Senatoren vun Husum. Se weer Dochter vun de Husumer Beerbruer Asmussen, de mit en Woldsen verheiraat weer. Se wurr Mitbesitterin vun de Bruerie un Alleenarvin vun de Rode Haubarg op Eiderstedt. Ehr Vetter A.F.W. weer 1866 Stifter vun dat Witfruenstift op de vörmalige Goorngrund vun Familie Woldsen. Beide unverheiraat, hebbt se rund 90 000 däänsche Rigsdaler stift tosamen mit de Rode Haubarg, un de harr rund 123 Hektar beste Maschenland. Beid to Ehren leet Husum 1903 op de Markt de Asmussen-Woldsen-Gedächtnisbrunnen Tine opstellen – vun Bildhauer Adolf Brütt. Asmussen-Straat un Woldsen-Straat sünd na de Twee nöömt.

Backsteengotik, Noorddüütsche: So as de Nedderlandsche Renaissance-Architektur in de Hansetiet en Bustil vun 13.–16. Johrhunnert, an de Waterkant, Noorddüütschland, Noord- un Oostsee, mit Dome, Karken, Raathüüs, Börgerhüüs. Dorto hören in Husum dat Slott, Kavaleershuus, Raathuus, Herrenhuus, Hertogin-Augusta-Huus, Wernersche Huus, Börgermeester Danckwerth-Huus. Dat mutt oppasst warrn.

Beerbruerie: Husum harr um 1750 över 50 Bruerien, Malterien, Wind- un Watermöhlen. Gröttste Bruerie weer de Herrenhuus-Bruerie vun 1760 in de Slottgang, de hett existeert bet um 1970 – un höörte lange Tiet de Familie Fuglsang. To de hütige däänsche Familie Fuglsang in Haderslev un Kopenhagen höört hüüt de däänsche Carlsberg-Bruerie, ok Holsten-Beer, Lübzer Pils.

Brütt, Adolf: Beröhmte Bildhauer um 1900, boren 1855 in Husum, hett för Husum de Tine op de Markt 1903 un dat Storm-Denkmal 1898 bi't Slott maakt; ok dat Denkmal för Theodor Mommsen in Berlin an de Humboldt-Universität. Harr tietwies en Bildhauerakademie in Dresden. En Straat in Husum is na em nöömt.

Commercium Husum: Vun König Christian VI. al 1738 för Husum op de Weg brocht. Commercien geev dat domals överall, um de Commerce, de Hannel, an't Leven to holen. En vun de Vörsitters weer de Herrenhuus-Bruerie-Egendömer Fuglsang. Opgaav vun't Commercium: sik um Haven, Märkte, Transport un Verkehr,

Tourismus to kümmern un Husum stark för de Tokunft to maken, ok mit niege Twiegen as Wind-Energie.

Diek: En Diek is en Wall ut Klei, de dat Acker- un Wischenland vör Hoochwater schützen schall. De eersten Dieken wurrn in Noordfreesland so um 1100 buut, an de Elv oder in Westfreesland al 100–200 Johr fröher. De eersten Dieken weren man blots 1,50 m hooch un harrn en Diekfoot vun rund söven Meters. Hüüt sünd de Noordseedieken bet 8,70 m hooch un hebbt en Diekfoot vun rund 140 m. De modernsten Dieken heten Klimadiek – dor ward bi en mööglíche Wateranstieg in korte Tiet en Kapp ut Klei vun rund een Meter baven op sett. Siet rund 50 Johr hebbt de Dieken bi uns in Noordeuropa en faste Sandkern, wo denn en Kunststoffvlies röverkummt, dorop en goode halve Meter Klei un toletzt Grassoden. Op de Dieken lett man Schaap lopen, de de Grund fastpedden, gröttere Deerten wurrn de Diek tweimaken.

Eiderstedt: Wurr al um 800 vun Fresen ut West- un Oostfreesland besiedelt – un is tosamenwussen ut de dree Hauptinseln Eiderstede, Utholm un Everschop. Twischendör lepen vele Waterweeg, wichtig för Hannel un Verkehr, na de Haupthaven Tönning, na Garding, över de Treene wieder na Hollingstedt un Haithabu/Sleswig. Eiderstedt wurr riek mit Ossenmast, Veehtüüg un Melkwirtschaap, mit Holländerien, mächtig veel Bodder- un Kees-Export bet na Frankriek. Op dat rieke Eiderstedt stahn 25 ooldehrwöördige Backsteenkarken, de gröttesten t. B. in Tönnig, Garding, Oldenswoort, Tating, Tetenbüll, Poppenbüll.

Fresenhüüs: En Reeg un Typus vun noordfreesche Hüüs vun de Haubarg as gröttste Buernhoff, en vun de gröttsten in Europa, bet na dat Geesthardenhuus un dat lüttste Uthlande-Fresenhuus op de Inseln un Halligen. Fresenhüüs hebbt en Gävel, en grote Reetdack, en Stännerwark ut Ekenbalkens un keen Fackwark an de Butermuern. Binnen fröher en opene Füürstääd mit Schosteen doröver, Alkoven, Delfter oder Fresen-Fliesen an de Wand, en Pesel mit Bileggeroven. All Fresenhüüs hebbt en Wahndeel un en dorvun aftrennte Stall. In en Uthlandehuus sünd sachts so um 30 Eken as Stännerwark verbuut, je nadem, woveel Fack dat Huus harr, in en Geesthardenhuus so bet 40, 50 oder noch mehr. In en Haubarg – t.B. en Süss-Stänner-Haubarg – sünd bet över 1000 Eken verbuut mit en Reetdackflaag vun över 2000 Quadratmeters. Merrn in de Haubarg is de Gulf, dat is de grote Deel, de bet ünner dat Dack open is. Rund um de Gulf stahn de Hauptstänner. Op Eiderstedt geev dat fröher bet to 400 Haubargen, hüüt noch weniger as 40.

Fresen-Veeh, Fresenpeer: Tellen to dat beste Veehtüüch vun Noordeuropa un op de Welt. Fresenkööh sünd bi uns de bekannten Swartbunten, op Engelsch Frisians oder Holstein-Frisians. Fresen-Peer sünd pickswarte, grote Peer un warrn hüüttodaags meest as Kutsch- un Rietpeer holen, nich mehr as Arbeitspeer. Dat Optochtrebeet un dat Herdbook (Stammbook) vun de Fresen is in Westfreesland.

Fresensolt: De olen Fresen hebbt sülvst Solt wunnen ut Törf. Se hebbt de Kleischicht oder Waddenschicht över de Törf afgraaft, denn de Törf utgraaft, staken un dröögt, denn de Törf verbrennt, denn de Asch in grote Ketels mit Soltwater kaakt un verdunsten laten, bet toletzt dat filterte Solt överbleev – dat Witte Gold vun de Fresen, dat Fresensolt. Dat wurr düür mit schiere Sülver betahlt. Ok Husum harr en Soltsiederie – de Straat Soltbargen helpt doran denken.

Um 1520 hett denn Kaiser Karl V. dat Fresensolt in sien Kaiserriek verbaden, aver in de däänsche Königsstadt Ripen gung de Solthannel wieder.

Gottorp, hoochdüütsch Gottorf: En Slott bi Sleswig ut dat Middelöller. Dor rundum an de Spitz vun de Slie as Waterweg leeg siet um 1100 de Stadt Sleswig as Nafolger vun de Wikingerplack Haithabu, de 1066 opgeven wurrn is. De Naam Gottorp is denn övergahn op de Gottorper Hertöge, de op dat Slott seten un regeerten – de kemen siet 1460 ut dat Herrschergeslecht vun de Oldenbörgers, de vun denn an ok de Königsfamile in Däänmark stellt hebbt.

Grote Mandränken: Hoochdüütsch: Großes Menschenertrinken – weren fröher de gröttsten Störmfloden, t. B. Julianenfloot 1164, Rungholtfloot 1362, Noordfreeslandfloot 1634, Christiansfloot 1825. De hebbt dat ole Noordfreesland angrepen un blots de Wattensee, en poor Inseln as Sylt, Föhr, Strand u. a. un Halligen nalaten. Sünd sachts wiet mehr as 150 000 Minschen bi verdrunken. Dat leeg ok an de Dieken, de fröher veel sieder un ringer weren as hüüt.

Gulden, Dukaten, Daalders/Dalers, Schillinge: Dat weren fröher de wichtigsten Geldstücken in Noordwesteuropa. De Nedderlänners un Hanseaten harrn Gold- un Sülverdukaten, Daalders, Gulden un Stuivers (Schillinge). De Dänen harrn Rigsdalers, Schillinge, Speciesdalers un Mark, as ok Sleswig-Holsteen. Denn geev dat noch dat Courant-Geld bi uns un in Hamborg un Lübeck, dat weer ok Sülvergeld. De sülverne Speciesdalers – de weren bet rund 1870 wichtig för de Husumer Veehmarkt: Dat Veeh wurr mit Spetjes (Speciesdalers) betahlt, vör denn dat düütsche Papiergeld inföhrt wurr.

Gurlitt, Emanuel: Börgermeester vun Husum 1873 bet 1887. Boren in't däänsche Altona, wurr he 1849/50 Soldat un in de Slacht vun Idstedt, wo de Dänen gegen de Sleswig-Holsteners wunnen hebbt, swaar verwundt un kriegsversehrt. He keem ut de grote Gurlitt-Familie, een Broder is de Maler Louis Gurlitt un is as de swaarste Börgermeester vun Düütschland bekannt wurrn. He is een vun de wichtigen Börgermeesters, denn he hett för Husum de modernste Veehmarkt in Düütschland dörsett; de Utbuu vun de Haven hett he aver nich torecht kregen. He hett ok schriftstellert, weer Fründ vun Theodor Storm un snackt Plattdüütsch. Begraven wurr he 1896 op de Westkarkhoff; de Familien-Graffstääd is noch dor.

Hallig: De Noordsee un de Groten Mandränken hebbt de Freeschen Uthlande jümmers angrepen un toschann maakt. Över bleven de Inseln un teihn Halligen. Halligen hebbt blots Warften un en lütte Sommerdiek, keen hoge Diek rundum, un warrn bi Störmfloden landünner – ünner Water – sett. De Halligen bremsen bi hooge Water de Noordsee, se sünd wichtig för de Küstenschutz. De gröttsten Halligen sünd Langeness un Hooge. Hallig-Warften möten wegen Klimawannel höger buut warrn, Hooge weer al an de Reeg, denn kummt Langeness.

Hansen, Christian Frederik: Weer um 1830 een beröhmte Buumeester un Architekt in dat Königriek Däänmark, boren in Husum, hett vele schöne Karken, Villen un Raathüüs in Sleswig-Holsteen, Altona, Hamborg un Däänmark buut. För Husum hett he för de däänsche König de niege Sankt-Marienkark vun 1837 plaant un buut, un för de rieke Koopherrenfamilie Reemtsma een vun de schöönsten Hüüs an de Elvchaussee in Hamborg.

Harden: Dat sünd de freeschen Verwaltens-Rebeten vun Eiderstedt bet rop na Tondern un över de Uthlande, t. B. Pellwormharde, Edomsharde mit Rungholt, Beltringharde – deels in de Groten Mandränken 1362 un 1634 ünnergahn –, Süder- un Nordergoesharde. Welke Harden tosamen op't Fastland weren de Syssels. De Harden weren lang na freesche Recht organiseert, höörten aver to dat Königriek Däänmark, weren lange Tiet goode Stüernbetahler för de König. Enkelte Fastlandsharden harrn dat Jydske Lov, dat Däänsche Recht.

Henni Heidtrieder: Weer en vun de besten Steensnitgers (hoochdüütsch: Steinmetze) un hett för de Gottorper Hertöge dat Husumer Slott mit prächtige Marmor- un Sandsteenkamine utsmückt, ok de Figuren an't Doorhuus hett he maakt – de Göttinnen Hera, Athene un Aphrodite över dat Portal. Sien schöönste Kamin in dat Slott weer de Todeskampfkamin ut Alabastermarmelsteen. De hebbt de Preußen 1919 mit na Berlin nahmen, in dat niege Bodemuseum, dor steiht he hüüt noch. För de rieke Hansestadt Hamborg maakte he dat prächtige Dammtor an de Grenz na Altona – dat is weg, dor steiht hüüt de Dammtorbahnhoff.

Herrenhuus: En Wohrteken vun Husum – grote, imposante Backsteen-Gotik-Huus mit typische Treppengävel an de Husumer Markt, toeerst nöömt 1431. Dor regeerten de Herren, de Börgermeesters un Senatoren. Jüst bito is Markt 1, dat Stadthuus vun Hertogin Augusta vun Däänmark.

Hertöge Adolf un Johann Adolf: Hertöge vun Gottorp. Adolf regeerte 1544–1586 op Slott Gottorp un in dat Slott vör Husum; weer Broder vun de däänsche König Christian III. Adolf buute de Gottorper Slötter in Tönning, Reinbek un Husum, deente as junge

Adelige in de Spaanschen Nedderlannen ünner Hertog Alba un in England ünner Königin Elisabeth I., lehrte dor veel över Militär, över Diek- un Sielbuu, Finanzen un Verwalten. Johann Adolf regeerte 1590 bet 1616 – de beste Tiet för Husums Slott. He weer mit Hertogin Augusta vun Däänmark verheiraat, föhrte dat Röömsche Recht in – statt dat däänsche Jydske lov –, hett de Husumer Schüttengill un ok de Ringrieders gründt – beid weren so'n Oort Börgerwehr. He leet 1612 dat Doorhuus to dat Slott un de Schüttenhoff in de Süderstraat buun.

Hertogin Augusta un Hertogin Maria Elisabeth: Augusta leevte vun 1616 bet 1639 as Witfru in't Husumer Slott; se leet dat Slott un de Barock-Slottgoorn schöön utbuun. Maria Elisabeth leevte ok as Witfru vun 1659 bet 1684 in Husum, se hett jüst so dat Slott mit Kunst utstaffeert.

Hertog Friedrich III.: Regeerte 1616–1659 as Souverän över Gottorp, weer verheiraat mit Hertogin Maria Elisabeth. Mit em hett dat Hertogdom Gottorp Noordstrand un Noorder-Dithmarschen tokregen. He gründte 1621 Friedrichstadt un haalte hollandsche Religionsflüchtlinge in sien Hertogdom: Remonstranten, Mennoniten, Ooldkatholiken, Katholiken.

Heverstrom: Dat weer vör de Rungholtfloot 1362 en Wattenstrom dör de Uthlande as Deel vun de Wikinger-Fresen-Waterweg. Na 1362 hett sik de Hever düchtig vergröttert, wurr deeper un freet sik dör bet Husum. Vun de dore niege Süderhever gung de Noorderhever af un graavte sik dör de grote Insel Strand, Rungholt gung ünner. Hüüt hett sik de Noorderhever al um 37 Meters deep infreten un is bet to teihn Kilometers breed, dat blifft wegen högere Floden so bi.

Holländerie: Sünd de Vörlöpers vun de Meierien, wo Kohmelk to Slagrohm, Bodder un Kees maakt ward. Vele Hollanners kemen vun dat 16. bet 18. Johrhunnert as Flüchtlinge, Diekbuers, Handwarkers, Kooplüüd un Meieristen för Bodder un Kees na Noordfreesland – un hebbt de Hollännerien in Gang brocht.

Husum: Vör de Rungholtflood 1362 geev dat twee lütte Dörper, Westerhusum un Oosterhusum an de Husumer Au/Möhlenau. Bi de Rungholtfloot 1362 freet sik de Süderheverstrom bet an de Möhlenau-Münden dör, hüüt de Husumer Binnenhaven mit Zingelslüüs, un de beiden Dörper wussen tosamen to Husum. Mit de Johren wurr Husum denn de wichtigste Marktplack an de Westküst, kreeg 1582 en egen Slott, 1603 Stadtgerechtigkeit un 1608 Stadtrecht. Hüüt is Husum de Hauptstadt vun de Kreis Noordfreesland, een vun de gröttsten Kreise vun Düütschland, un is mit 23 500 Inwahners de gröttste Stadt mit de mehrste Koopkraft, Mittelzentrum mit en grote Gewarfrebeet (Gewerbegebiet Ost), hett de Landesbedrief för Küsten- un Naturschutz un hett de Natschonalpark Wattenmeer vör de Nees.

Jordbog: In dat Jordbog (hoochdüütsch: Erdbuch) vun König Waldemar II., 1231 op Latiensch opstellt, stunnen in Stüerlisten all de Stüernbetahlers un Harden in. De wichtigsten weren de Edomsharde mit Rungholt un de Pellwormharde.

Mildstedt: Nafolger vun dat ünnergahne Mild vör Husum, af 14. Jh. Hauptplack vun de Südergoesharde mit Hauptkark Sankt Lamberti; Husum wurr eerst 1507 mit de Sankt Marienkark de Hauptplack vun de Südergoesharde.

Natschonalpark Wattenmeer: Siet 1987 gröttste düütsche Natschonalpark, Deel vun de World Heritage Waddensea Site vun Esbjerg/DK bet Den Helder/NL un 2007 to en Weltnaturarf benennt, jüst so as t. B. de Grand Canyon oder dat Grote Barrier-Riff vör Australien. De noordfreesche Andeel ward verwaltet vun de Landesbedriev för Küstenschutz, Natschonalpark un Meeresschutz SH in Husum. För de Natschonalpark gifft dat dat Natschonalparkamt – Landesamt för de Natschonalpark SH (Sleswig-Holsteen) in Tönning. Um de Natschonalpark un de Naturschutz kümmert sik de Schutzstatschoon Wattenmeer mit vele Afdelen in Noordfreesland; Hauptsitt is in dat Natschonalparkhuus Husum, bedreven vun Nationalpark Service GmbH, WWF Düütschland, BUND, Vereen Jordsand un de Weltladen Husum.

Noordsche Krieg: Weer vun 1700 bet 1721 – dat Hertogdom Gottorp harr sik gegen Däänmark mit Schweden tosamendaan un verloor de Krieg. Dormit weer dat ut mit de Souveränität. De däänsche König övernehm wedder de Macht, haalte sik dat Slott vör Husum torüch, leet de Kunstsammeln verhökern oder na Kopenhagen bringen, leet dat Slott leddig stahn un verfallen. 1749 bet 1752 wurr dat Slott renoveert, deeper leggt, kreeg brede Fluren un wurr lütter umbuut.

Noordstranner Landrecht vun 1572: En System vun Rechtsvörschriften för Diek- un Sielbu, för de Waterlösung (wodennig dat veele Water mit Gröve un Siele aflopen kann); för allens, wat mit Dieken un Kööge to doon harr. Ok Vörschriften för Landbesitter un dat Ernennen vun Diekgrafen, Gevollmächtigten un de Böverdiekgraf. Kiek in de Novell „Der Schimmelreiter" vun Theodor Storm 1888 – Hauke Haien is dor Diekgraf, un na em hüüt sogor en Koog. An de Waterkant heet dat: Wer nich will dieken, mutt wieken.

Meest jüst so steiht dat al siet dat 15. Johrhunnert in dat Spadelandrecht vun de Elvmaschen un de Wilstermasch.

Huus Oldenburg – de Ollenborgers: En Herrscherdynastie, de ut dat Hertogdom Oldenburg keem un af 1460 de Königen in Däänmark stellte – bet hüüt. De hütige Königin Margrethe kummt aver ut de Twieg Sleswig-Holstein-Sonderborg-Glücksborg. Ünner de Ollenborgers wurr dat Däänsche Riek in de Reformation 1527 dat eerste rein evangeelsch-lutherische Grootriek vun Europa. Huus Ollenborg weer en mächtige Dynastie – in Däänmark, Norwegen, deels Sweden, Sleswig-Holsteen, Russland – de Zaren weren as Holsteen-Gottorpers enge Verwandte – de engelsche Königin un Prinz Philipp hören ok to de Verwandtschop.

Ooldkatholiken: Röömsch-Kathoolsche, de na de Inföhren vun de Calvinismus in dat 16./17. Johrhunnert ut de Nedderlannen flütten mussen. Se hebbt denn 1871 endgültig de Papst as Böverste aflehnt. Se seggen, dat de Papst nich as de leve Gott unfehlbor – sakrosankt – ween kann. Se kemen ut Brabant un Flandern oder anner nedderlandsche Provinzen na Noordstrand un hebbt 1654 de niegen Dieken as Geldgevers mitfinanzeert. Se wurrn denn Partizipanten – mit Andeele. Op Noordstrand steiht en Denkmal för Brabanter Flüchtlinge bi de ooldkathoolsche Kark. Sehensweert is de ooldkathoolsche D.O.M. Kark – Deo Optimo Maximo. Op Noordstrand gifft dat noch rund 45 Ooldkathoolsche; ehr Bischop sitt in Bonn, de Aartbischop vun all de Ooldkathoolschen in Utrecht. Jüst Januar 2020 is in de ooldkathoolsche St. Gertrudis-Dom in Utrecht en niege Aartbischop/Erzbischop för de Ooldkatholiken op de Welt wählt wurrn.

Ossenweg – Däänsch Hærvejen: Ole däänsche Königsweg, Handelsweg baven vun Jütland dal na Sleswig-Holsteen, Hamborg, Neddersassen bet Holland. En Nett vun rund 200 Tollstäden spöölte König un Hertögen vele Rigsdalers in de Taschen, dat Umgahn vun Tollstäden wurr dorum hart bestraft. De oosten Ossenweg leep vun Randers/Viborg na Süden över Flensborg, Sleswig, Rendsborg, Wedel un wieder; de westen Twieg vun de Ossenweg vun de Limfjord, Randers, Ribe, Tondern, Leck, Husum, Itzehoe, Wedel un Hamborg-Ossentoll wieder na Süden. Wedel harr bet 1837 de wichtigste Ossenmarkt. Rindermast un Ossenhannel weer lange Tiet de wichtigste Weertschopstwieg vun Noordwesteuropa; Däänmark weer de Leverant för Magerveeh. Dat wurr op grote Veehmärkte as in Husum oder Wedel verkofft un op de fetten Maschwischen blots mit Gras vun alleen fett – in de Harvst wurr dat Fettveeh op de Märkte dreven un as Fettossen verkofft.

Remonstranten: Religiöse Minnerheit ut de Nedderlannen, keem as Flüchtlinge na 1600 na Noordfreesland. Se hebbt 1618 de Prädestinationslehr vun de Religionsgrünner Calvin aflehnt. Dor steiht in, dat för uns Minschen dat Goode un dat Böse vörherbestimmt – prädestineert – is. Vele Remonstanten – se hebbt remonstreert oder protesteert – kemen 1621 na Friedrichstadt, hebbt de Stadt mit opbuut. Se hebbt in ehr Familienwappen en Engelskopp un harrn vun Anfang an ehr egen Remonstrantenkark, de eenzigste in Düütschland un Österriek.

Ripen, hüüt Ribe: Öllste däänsche Stadt, weer al in't Middelöller wichtig as Königsstadt, harr Tollfrieheit, harr de gröttste Soltmarkt, grötter as Rungholt, harr af 1621 dat Monopol för de Solthannel, hett de gröttste Domkark an de Noordsee. Wegen de Verbinnen mit Flandern hett Ribe en Deel Renaissance-Buwarken vörtowiesen. Weer ok de wichtigste däänsche Havenstadt an de Noordsee, de aver in Loop vun de Johrhunnerte dichtslickt wurr, jüst so as de Husumer ole Haven. In Ripen wurr 1460 dat Privileg vun Ripen afslaaten, twischen de däänsche König Christian I. un de Sleswig-Holsteners. Dor steiht t. B. binnen: Op dat Sleswig un Holsteen „bliven ewich tosamende ungedeelt".

Slott vör Husum: Weer een vun de veer Gottorper Slötter. Dat Hauptslott stunn siet dat Middelöller in Sleswig. Hertog Adolf buute dree niege Slötter in Tönning, Husum un Reinbek bi Hamborg. Dat Slott vör Husum wurr 1582 fardig, vun de Hertogen-Witfruen Augusta vun Däänmark un Maria Elisabeth rieklich mit Kunst un Kamine utstaffeert, un harr de beste Tiet 1586 bet 1684. Dat Slott harr utdeent 1721 na de Noordsche Krieg, full torüch an de däänsche König, de leet dat verfallen, de Kunstsammeln verhökern oder na Kopenhagen schaffen. Um 1750 wurr dat Slott opwännig umbuut in de hütige Buwies. 1792 wurr de letzte grote Toorn afreten un as eenzigste 1980 wedder opbuut. Dat Slott is Egendom vun de Kreis un de Stiften Noordfreesland.

Stapelrecht: Dat Recht för de Kooplüüd oder Hannelsscheep, ehr Waren an bestimmte Placken uttoladen un to'n Koop antobeden. De Amsterdamer Kooplüüd kregen 1461 vun de däänsche König Christian I. dat Stapelrecht, mit Scheep an Husums Schippsbrüch un an Holms antoleggen un Waren uttoladen, de na Flensborg wiedertransporteert wurrn. Stapelholm, Stockholm, Flensborg Holm erinnern an de doren Stapelplätz.

Storm, Theodor: Boren 1817 in Husum, sien Mudder weer en borene Woldsen, de Vadder Storm weer ansehne Afkaat in Husum, ut en Buern- un Möllerfamilie bi Rendsborg, Theodor gung in Husum un

Lübeck op Gymnasium, studeerte Jura. Af 1843 Rechtsanwalt in Husum, verheiraat mit Constanze, geb. Esmarch, de sturv 1865. Sien tweete Fru weer Dorothea, geb. Jensen. Insgesamt harr he acht Kinner. He kreeg Striet mit de Dänen, dorum 1853–1864 Exil in Potsdam un Heiligenstadt. Na de Krieg 1864 gegen de Dänen torüch na Husum as Landvaagt, af 1868 Amtsrichter in't Slott. Af 1880 Pensionär in Hademarschen, sturv 1888, Grafflegen in Husum bi St. Jürgen. Gellt as en vun de besten Dichters ut de Epoche Realismus, mit veel Lyrik, t. B. „Die Stadt", „Meeresstrand", „Knecht Ruprecht", un Novellen as t. B. „Immensee", „Der Schimmelreiter", „Aquis submersus" u. a.

Swabstedt: Fröher Bischopssitt mit Slott, dat 1705 afreten wurr, liggt an de Treene, 17 km südoosten vun Husum. Höörte lange Tiet to dat Amt Husum, wo t. B. Theodor Storm Landvaagt över weer. Liggt in en schöne Landschop an de Glockenbarg, hett een ansehnliche ole Fresenkark mit en Altar – de de Krink um Tilman Riemenschneider toschreven ward – ut de Husumer Marienkark, de 1807 afreten wurr. Swabstedt weer fröher beleevt för Utflöge un Utfohrten för de Husumers as Theodor Storm, de dor to Danz in de Mai, Maiblomenplöcken oder Bootfohren op de Treene henkemen. Hett siet Johrhunnerten en Pingst-Johrmarkt un hüüttodaags in de Harvst en Buernmarkt.

Tönnies, Ferdinand: Ut en Buernfamilie ut Oldenswoort, boren in Husum 1855, dat sülve Johr as Ludwig Nissen un Adolf Brütt. Begrünner vun de moderne Soziologie, hett toeerst in dat Kavaleershuus lieköver vun't Slott wahnt, weer en junge Fründ vun Theodor Storm. He wurr vun de NSDAP anfiendet, de Nazis hebbt em de Pension streken. 1936 as Professer in Kiel sturven; sien Graff is in Oldenswoort. Husum hett em in de Neegde vun't Kavaleershuus en Denkmal sett.

Tönning: Freesche Stadt, harr al vör Husum dat Stadtrecht, Hauptstadt vun Eiderstedt siet dat Middelöller, harr een vun veer Gottorper Slötter – dat Tönninger Slott wurr 1735 afreten. Tönning hett de grote St. Laurentius-Kark an de historsche Markt; de Tönninger Kark un de Husumer ole Marienkark harrn de hööchsten Karktoorns. Tönning hett en mächtige Packhuus an de Historsche Haven ut de Tiet vun de historsche Eiderkanal; dat weer en fröhere Kanal twischen Kiel un Tönning. Twischen 1844 un 1888 weer Tönning de wichtigste Veeh-Exporthaven vun Düütschland – vun dor wurrn een Million Ossen na England exporteert. Tönning hett dat Natschonalparkamt; Tönning hett ok dat Natschonalparkzentrum Multimar Wattforum, dat is dat gröttste Informatschoons- un Beleevnisutstellen för de Flora & Fauna in de Natschonalpark Wattenmeer, vele grootoordige Aquarien un Sammeln un t. B. en riesige Walskelett – as en Publikumsrenner.

Uthlande, freesche: Dat sünd fröher de vörlagerten Maschen, Moor- un Geestinseln vör de Faste Wall, dat Fastland achter de Dieken vun Noordfreesland. Dat weren de Pellwormharde, Edomsharde, Beltringharde, Lundenbergharde u. a. – sünd deels in de Groten Mandränken 1362 un 1634 ünnergahn. Tietwies de rieksten Provinzen vun dat Königriek Däänmark, höörten in't Middelöller deels de däänsche König un weren em stüerplichtig.

Veehmarkt, Veehhannel, Ossenhannel in Husum: Husum harr an de westliche Ossenweg de wichtigste Veehmarkt – vör de Eerste Weltkrieg de gröttste vun Düütschland. Hier kemen to Fröhjahr un Harvst övert Johr tietwies an de 100 000 Stück Veeh to Markt. Vun Jütland wurrn vun't 15. bet 19. Jh. Hunnertdusende däänsche Ossen un Veehtüüch na Süden dreven, op de Veehmärkte in't Fröhjahr verkofft, denn op de fetten Maschwischen fett gräst – denn in de Harvst as Fettossen wedder op de Veehmärkte un deels bet Hamborg, Westfreesland, Holland verkofft – mit grote Winnen för de Fettgräsers. Mit de Bu vun de Iesenbahnen weer de Tiet vun de Ossendriften op de Ossenweg vörbi. Denn gung de Hannel mit Dampscheep vun Tönning bet na England los, bet 1888, un af 1854 mit de Iesenbahn na Süden över Hamborg bet na 't Rheinland un Süddüütschland.

Verenigte Oostindische Handelskompanie VOC: Mächtige Companie för de Nedderlandsche Hannel mit Oostinnien – hüüt Sri Lanka un Indonesien – un de dore Inselwelt. Westfreesland harr 200 Johr bet um 1800 dat Seggen in de VOC.

Walfang: Weer en wichtige Weertschopstwieg twischen 1650 un 1800 an de Noordsee un an 't Noordmeer um Grönland un Spitzbargen. Düchtige Walfängers kemen ut Westfreesland, Holland, Noordfreesland – ut Sylt, Föhr, Amrum. Um 1800 verlagerte sik de Walfang na Noordamerika – noorden Boston, Nova Scotia. Dat gifft in dat Schippfohrtsmuseum Noordfreesland en bannig ansehnliche Sammeln över Walfang, Robbenslag, Grönland- un Spitzbargenfohrt.

Westfreesland: Provinz vun de Nedderlannen, af 16. Jh. riekste Provinz, fröher wichtigste Hannelspartner vun Noordfreesland. In't 16. Jh. weren Amsterdam, Enkhuizen, Hoorn Husums wichtigste Hannelsstäder för orientaalsche Krüderie, exootsche Blomenzibbels, Tabak, Veeh, Malt, Stoffe. In Westfreesland hett dat Freesch de sülven Rechte as de nedderlandsche Landesspraak.

Wikinger-Fresen-Waterweg: Histoorsche Noord-Oostsee-Waterweg vun de Freeschen Uthlande dör Eider un Treene an Swabstedt vörbi bet Hollingstedt. Vun dor na Sleswig, in de Slie un

Oostsee. Ok as Vörlöper vun de Eiderkanal – Sleswig-Holsteensche Kanal – buut 1777-1784 twischen Kiel un Tönning – un vun de hütige Noord-Oostsee-Kanal.

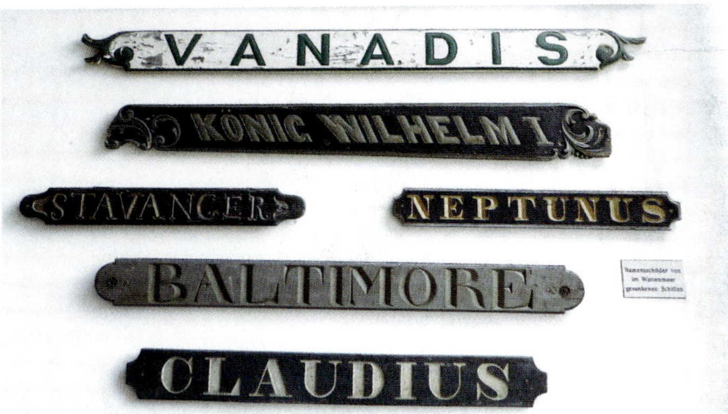

69 *Schippfohrtsmuseum Noordfreesland. Poor Naams vun ünnergahne Scheep*

Anhangsel
Utfohrten rund um Husum mit Fohrrad oder Auto

Utfohrt 1

20 km; Husum–Oostenfeller Landstraat – 2 km na dat Mildstedter Oortsenn sünd de Mildstedter Dannen mit en Naherhalungsrebeet an de Husumer Möhlenau – dor kannst du stünnenlang dör dat Holt un lang de Möhlenau spazeeren. Wenn du noch wiederfohren wullt, kannst du en Hoolt in Oostenfeld maken, eenmal in de freesche Feld- un Backsteenkark gahn un di de wunnerbore, eenmalige Boye-Lorenzen-Orgel ankieken. Wenn du denn noch Lust hest, kannst du wiederfohren Richtung Swabstedt: na 1 km jüst an de Dörpsutgang vun Oostenfeld is en grote Holt (Staatsforst) – goot för stünnenlange Spazeerweeg.

Utfohrt 2

30 km; Vun Husum över Mildstedt (dor is de ole St. Lambertikark, en freesche Feld- un Backsteekark), Rantrum, Oldersbek un Winnert na Swabstedt an de Treene: Kort vör Swabstedt hest du vun en Anhöögde en wunnerbore Utsicht över de Treene-Maschen bet röver na Stapelholm mit dat Sülverband vun de Treene. 1 km wieder de Barg dal in Swabstedt kannst du an de Treene spazeren, kannst di dat Treenehuus mit en Heimatmuseum ankieken, kannst op de Glockentoorn, op en histoorsche Hünengraff un in de freesche Feldsteenkark St. Jacobi rin mit en beröhmte Triptychon ut de School vun Tilmann Riemenschneider un de ut Holt snedene Kanzel un Dööpsteen mit plattdüütsche Inschriften bewunnern – Swabstedt is siet ole Tieden en beleevte Utflogstour, ok bito dat Lehmsieker Holt. Denn magst du villicht in't Lehmsieker Holt (Staatsforst) spazeeren oder vun dor ut in dat renatureerte Naturschutzgebiet Wildes Moor.

Utfohrt 3

20 km: Husum–Witzwoort (12 km) – 2 km vör Witzwoort is de historsche Rode Haubarg, bannig groot, best restaureert, mit Restaurant, Café un Haubarg-Museum. Denn wieder 2 km na Witzwoort: noch en Eiderstedter Backsteenkark. Rutfohren 6 km an de Noordseediek bi Ülvesbüll, dor de Porrendiek langsfohren mit lütte Reetdackhüüs, denn en Spazeergang över de Diek un in't wietleftige Vörland – kannst röverkieken över de Süderhever bet Noordstrand. Na dat ole Fresendörp Oldenswoort mit sien mächtige St. Pankratius-Kark sünd 5 km.

Utfohrt 4

20 km: Husum–B5 na Friedrichstadt, de Hollännerstadt vun 1621 – mit sehnsweerte Architektur un holländische Börgerhüüs,

allens fein torecht. Kannst en Grachtenfohrt mit en Schipp maken (duurt en goode Stünn), dor ward di veel vertellt över de Friedrichstädter Historie. Kannst en Stadtföhren mitmaken, di de Karken oder de ehemalige Synagoog (hüüt en Gedenkstääd) ankieken un twee jüdische Karkhöve, kannst an de Grachten un in de Ooltstadt spazeeren – dor gifft dat en Barg to kieken un to studeern.

Utfohrt 5

25 km: Husum 5 km na Schobüll mit Noordsee-Utsicht ohn en Diek – villicht in de ole freesche Kirchlein am Meer rinkieken. Denn wiederfohren de Schobüller Barg hooch – mit Noordseeutsicht – un 5 km röver na Hattstedt – vun wieden sühst du al de mächtige Fresenkark St. Marien mit de ole Karkhoff, de al Theodor Storm in de Novelle „Der Schimmelreiter" beschreven hett. Dor sünd enkelte Graffsteens, t. B. vun de bekannte Diekgraf Iwersen-Schmidt, de Storm sik as en Vörbild för Hauke Haien utwählt hett. Kiek rin in de Kark – en freesche Feldsteenkark mit en mächtige Toorn ut Granitquaderm. Wieder na Wobbenbüll un dör de Hattstedter Masch na de Arlau Slüüs – dor hest du de beste Utsicht över de Beltringharder Koog bet Noordstrand, kannst ok en Spazeerweg rin in de Natschonalpark maken.
Na Oosten hen hest du de beste Utsicht över de Niege Hattstedter Koog – Vörbildkoog för Storms Novell „Der Schimmelreiter."

Utfohrt 6

Gifft en markensweerte Tour över Eiderstedt mit sien 25 ole freesche Backsteenkarken. Een is lieke schöön as de anner. T. B. de Karken vun Tönning, Garding, Tating, Tetenbüll, Poppenbüll, Witzwoort, Oldenswoort, Kotzenbüll. Warrst di wunnern, segg ik di! Dat ole Eiderstedt hett so veel to beden.

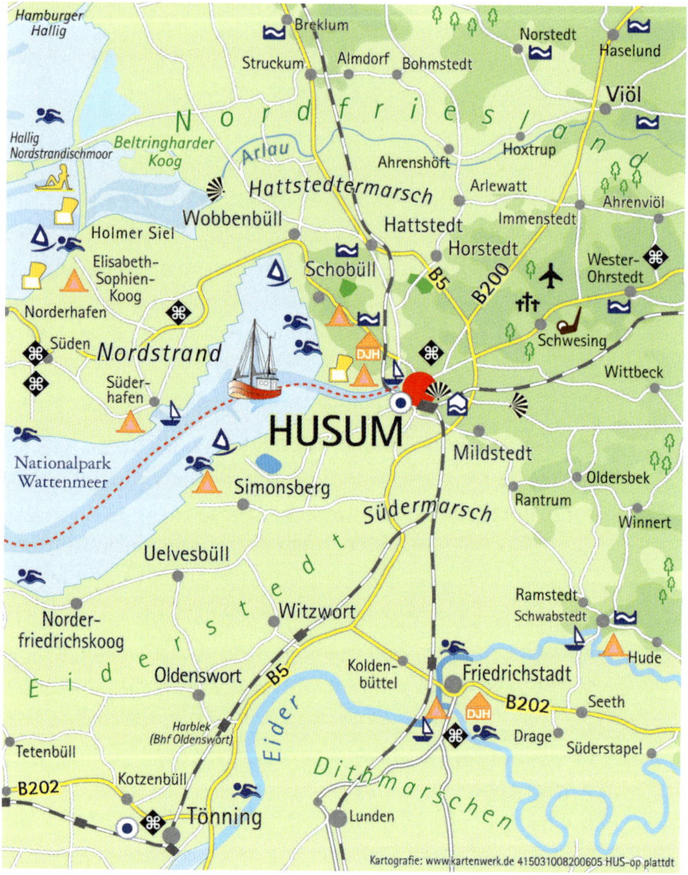

70 *Husum – rundum*

Verteeknis vun Böker

1. K.-J. Lorenzen-Schmidt, O. Pelc (Hrsg.), Schleswig-Holstein-Lexikon. Neumünster 2000 Wachholtz Verlag;
2. Gesellsch. f. Husumer Stadtgeschichte (Hrsg.), Geschichte Husums. Husum 2003 Husum Druck und Verlag;
3. Nordfriisk Instituut in Zusammenarbeit m. Stiftung Nordfriesland (Hrsg.), Autoren Bantelmann, Kuschert, Panten, Steensen, Geschichte Nordfrieslands. Heide 1995 Boyens Verlag;
4. D. Meier, H. J. Kühn, G. J. Borger, Der Küstenatlas. Heide 2013 Boyens Verlag;
5. Magister Anton Heimreich, Nordfresische Chronik, zweite Auflage 1668, neu herausgegeben von Nikolaus Falck in zwei Bänden. Tondern 1819. Unveränderter Nachdruck herausgegeben in Leer 1982 Schuster;
6. H. Wiese, J. Bölts, Rinderhandel und Rinderhaltung im nordwesteuropäischen Küstengebiet vom 15. bis zum 19. Jahrhundert. Stuttgart 1966 G. Fischer;
7. A. Jürgens, Zur Schleswig-Holsteinischen Handelsgeschichte des 16. und 17. Jahrhunderts. In: Dietrich Schafer (Hrsg.), Abhandlungen zur Verkehrs- und Seegeschichte – Im Auftrage des Hansischen Geschichtsvereins, Band VIII., Berlin 1914 K. Curtius;
8. F. Pingel, Th. Steensen ((Hrsg.), Friesischer Handel im Friesischen Meer. Beiträge vom 6. Historikertreffen des Nordfriisk Instituut. Bredstedt 2008 Nordfriisk Instituut;
9. J. P. Rachau, Der Rinder- und Ochsenhandel an der westlichen Nordseeküste im 18. und 19. Jahrhundert. Husum 2011 Husum Druck und Verlag;
10. U. Iben, Der Husumer Hafen. Schriftenreihe des Nordfriesischen Schifffahrtsmuseums, Husum, Band 5. Husum

2004 Husum Druck und Verlag;
11. K.-H. Meyer, Der Husumer Viehmarkt. Husum 1994 Husum Druck und Verlag;
12. Dr. A. Geerkens (Bearb.), Die Schleswig-Holsteinische Bank und ihr Arbeitsfeld im Lichte geschichtlicher Entwicklung. Festschrift zum 50-jährigen Bestehen der Bank. Husum 1927, 2. Aufl. Selbstverlag der SH-Bank;
13. Landesamt für Denkmalpflege Schleswig-Holstein (Hrsg.): Theodor Möller, Stadtbilder Schleswig-Holstein. Fotografien 1900–1950. Neumünster 2013 Wachholtz Verlag;
14. U. Lange (Hrsg.), Geschichte Schleswig-Holsteins von den Anfängen bis zur Gegenwart. Neumünster 1996 Wachholtz Verlag;
15. Gesellschaft für Husumer Stadtgeschichte (Hrsg.), Jahreshefte – Beiträge zur Husumer Stadtgeschichte, ab Heft 1/1988 bis heute. Husum Husum Druck und Verlag;
16. Danckwerth D. C., Die Landkarten von Joh. Mejer, Husum, aus: Neue Landesbeschreibung der zwei Herzogtümer Schleswig und Holstein 1652. Nachdruck 1963. Hamburg 1963 Heinevetter;
17. K. D. Sievers, Ländliche Wohnkultur in Schleswig-Holstein. Heide 2001 Boyens Verlag;
18. Th. Steensen (Hrsg.), Das große Nordfriesland-Buch. Hamburg 2000 Ellert & Richter;
19. H. Borzikowski, Husum in alten Bildern. Heide 1993 BV;
20. K. Grunsky (Hrsg.), Schloß vor Husum. Husum 1990 Husum Druck und Verlag;
21. J.P. Trap, Statistisk-topografisk Beskrivelse af Hertugdömmet Slesvig. Bd. 1–3, Kjöbenhavn 1864. Reprografisk Genudgivet og Forlagt Af Selskabet for Udgivelse Af Kilder Til Dansk Historie. Köbenhavn 1975.

Wo de Afbillen herkamen

Abb. 1 Touristische Postkarte; historisch

Abb. 2 Julie Mom, Eigenes Werk, CCBY-SA 3.0, http://wikimedia commons

Abb. 3 Onno Gabriel, CC-BY-3.0, http://creativecommons.org/ licenses by/3.0 wikimedia commons

Abb. 4–6, 8 Danckwerth/Mejer 1652, Neudruck

Abb. 7 In: Die Küste Jg. 8/1960, S. 45–65; Archiv für Forschung und Technik an der Nordsee; S. 47. Heide, Westholsteinische Verlagsanstalt Boyens

Abb. 21 In: Holger Borzikowski, Husum in alten Bildern, S. 30. Heide 1993 (Boyens)

Abb. 24 In: Verlag Friedrich Petersen (Hrsg.), Alt-Husumer Bilderbuch, S. 17. Husum 1939

Abb. 27 Richard von Hagn, Mühlen bei Husum. Ölbild. Nordfriesland Museum Nissenhaus. In: Holger Borzikowski, Husum in alten Bildern, S. 77. Heide 1993 (Boyens)

Abb. 32 Gelehrtenschule, Ölbild von Friedrich Laubengeiger – Privatbesitz

Abb. 51 Private Postkarte

Abb. 68 Genehmigt von Herrn Ketelsen, Stadtwerke Husum

Abb. 70 Genehmigt von Kartenwerk, www.kartenwerk.de

Abb. 9–20, 22–23, 25–26, 28–31, 33–50, 52–67, 69 Privatfoto

Emanuel Gurlitt,

Börgermeester vun Husum 1873–1888, en goode Fründ vun Theodor Storm, hett ok schriftstellert, en Dutt Gedichten op Hoochdüütsch un Plattdüütsch schreven.

Dit plattdüütsche Gedicht över Husum vun 1879 steiht in sien Book Vun de Nordseestrand, Plattdeutsche Gedichte, Leipzig 1880.

Husum an de Nordseekant

As in de ganze Welt bekannt
liggt Husum an de Nordseekant,
Dor swemmt de Austern frie herum,
doch jonich för dat Publikum.
Un wat för Ossen kaamt to Stadt,
de sünd förwahr nich för de Katt,
So drall un fett un kugelrund,
wi seht se bloß un wischt de Mund.

Dat Husumer Gymnasium
deent keck uns as Palladium.
Datt wi nich geistig ganz versuurt,
un mank de Ossen ganz verbuurt.
De Haven, de de Fiskus höört,
is för de Stadt vun groten Weert.
De harr al langstens Weltverkehr,
wenn he en beten natter weer.

Un denn de Stadtpark! O wat fien!
Son schönen hett nich mal Berlin.
Kost he ok dörtig dusend Mark,
is dat för Husum blots en Quark.
Dat Raathuus hett geheme Kraft,
sien Standesamt dor Wunner schafft,
Geiht en herin as ole Bruut,
kummt se as junge Fru herut.

Is Husum ok al oold un grau,
pulseert ehr Bloot doch warm un gau.
Is för en Futjen jonich bangn,
un lett de Fliep so licht nich hangn,
Singt geern en lustig Schelmenleed,
deit jede „Prost" ok gern Bescheed.
Un höllt dat weibliche Geschlecht
in vullen Ehrn, na Fug un Recht.

Drum, Jungers, wöllt jem Hütten buun,
blievt hier, gaht nich na Kamerun.
Sünd unse Döchter ok nich swart,
sünd se doch gräsig good vun hart.

To'n Sluss

Besten Dank seggen will ik toeerst de Stiften Mien Moderspraak un denn de Kulturstiften Noordfreesland, de dit Book en Toschuss todacht hebbt.
De SHHB, dat Plattdüütsch-Zentrum in Leck, de TSMH Husum un de Stadt Husum freuen sik ok, dat dit Book herut kamen deit.
Ik much denn all de Minschen danken, oolt oder jung, de mi Plattdüütsch vun Kind an lehrt hebbt un jümmers mit mi Plattdüütsch snacken, bi uns op't Dörp in Fresendelf an de Treen, in Hollbüllhuus, in Swabstedt, in Friedrichstadt un in Husum, op Pellworm, in Kiel, in Drage un Seeth, in Bredstedt, op Eiderstedt un Noordstrand. Denn mutt ik Dank seggen de Minschen, de mi dat Plattdüütsch-Schrieven un Lesen bibrocht hebbt, so as de Kieler Professor Ivo Braak.
Un de Mitminschen, vun de ik lehrt heff, dat unse Geschicht ok en wunnerbor spannende Book för dat Leven is. Un dat unse Natur villicht dat schöönste Book is, blots dat to verstahn bruukst du en Barg Tiet. Un dat swaarste Book is de Minsch sülver, mit dat dore Book bün ik jümmers noch nich fardig. Vun all de doren dree, Minsch, Geschichte un Natur, kannst jümmers noch wat dortolehren – wenn du wullt.
Un dor denk an: Op Plattdüütsch kannst du allens seggen, wat du wullt – geiht nich, gifft dat nich. Wi snacken Platt – wi maken wat!